博瑞森图书
BRAGE
企业阅读 本土实践

白酒营销培训宝典

复制高业绩

刘孝轶◎著

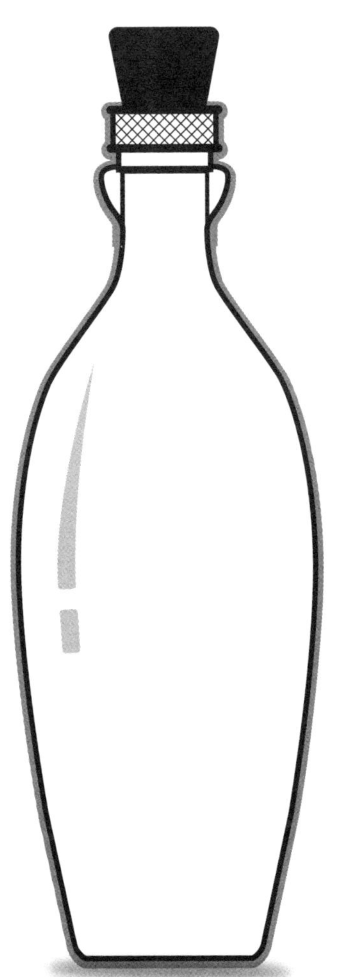

中华工商联合出版社

图书在版编目（CIP）数据

白酒营销培训宝典：复制高业绩／刘孝鞅著．--北京：中华工商联合出版社，2020.1

ISBN 978-7-5158-2670-7

Ⅰ.①白… Ⅱ.①刘… Ⅲ.①白酒－市场营销学 Ⅳ.①F724.782

中国版本图书馆 CIP 数据核字（2019）第 290520 号

白酒营销培训宝典：复制高业绩

作　　者：刘孝鞅
责任编辑：魏鸿鸣
责任审读：付德华
封面设计：仙　境
责任印制：迈致红
出版发行：中华工商联合出版社有限责任公司
印　　刷：河北宝昌佳彩印刷有限公司
版　　次：2020 年 2 月第 1 版
印　　次：2020 年 2 月第 1 次印刷
开　　本：710mm × 1000mm　1/16
字　　数：213 千字
印　　张：17
书　　号：ISBN 978-7-5158-2670-7
定　　价：68.00 元

服务热线：010－58301130
团购热线：010－58302813
地址邮编：北京市西城区西环广场 A 座 19－20 层，100044
http：//www.chgslcbs.cn
E-mail：cicap1202@sina.com（营销中心）
E-mail：gslzbs@sina.com（总编室）

导读

从业 8 年，体验了行业黄金 10 年的疯狂，经历了行业断崖式下滑的阵痛，见证了行业的逐渐复苏。其间先后在中国营销模式及营销水平名列前茅的两大百亿级酒企工作，工作区域横跨华中区域、华北区域、华南区域，工作岗位从业务一线到职能管理，跨地域多岗位的工作经验，让我对白酒营销及从业人员的需求有了更多的思考。

虽然白酒行业 20 世纪 80 年代已经开始市场化，但很多酒企的营销管理工作，仍然是相当原始粗放，不成体系不系统，企业耗费大量资源却仍慨叹无人可用，而员工撞得头破血流却收效甚微。

三百六十行，行行的书籍汗牛充栋，而唯有白酒行业，市场容量高达万亿，传承上千年，研究白酒营销的书籍却屈指可数，准确地说不到 10 本。每个人的时间都是有限的，时间是最珍贵的不可再生资源。为什么不能多一些让大家拿来即可用的路径指导书呢？故而三年前，我萌发了写一本白酒类营销书籍的想法。这本书要满足两个条件：

对白酒营销人员来说：拿来即可用，立即提升自己操作市场的段位，形成系统化的思考方式，为走向管理岗位夯实基础。

对用人单位来说：可以根据本书模块对业务人员进行系统的基础培训，让企业不增加营销成本，而是通过优化管理的方式批量化地生产营销特种兵，让85%的伙伴≥85分。

历时三年，集众多白酒前辈的智慧，本书终于与读者见面了。本书根据白酒营销人员进阶必备技能，分为七大模块：

第一章，业务团队日常管理模块。没有团队管理，便没有企业经营。主要涉及团队管理的几个核心点，并提供了相关表格。

第二章，如何招募白酒经销商。无商一身病，好商治百病。经销商管理命题较大，本章只简单涉及经销商招募的环节。

第三章，区域市场建设与增量模型。把问题放大100倍，构建系统化的解决方案。本书最核心的章节，涉及区域经理面对的核心渠道问题。

第四章，如何做好促销及价格管控。价格是产品的生命线，保价便是保命。

第五章，烟酒店渠道管理。烟酒店作为目前白酒销售主渠道，总结归纳常用工具，抛砖引玉。

第六章，终端团队人员招募及管理。小技巧，大用途。

第七章，酒类行业从业人员必备基础知识。基本功是走向卓越的基础。本章收集整理了白酒从业人员必备的酒类知识，以便大家在与客户、与消费者交流的过程中更有底气。

每个章节看起来都很简单，但是做起来并不容易。要想取得良好的效果，读者必须要学会举一反三的思考方式，同时，结合企业自身的特点，构建独特的营销体系。

自序

为什么同样是大学毕业一张白纸进公司的菜鸟，五年后有的升至经理，甚至出任总监职位，迎娶白富美，从此走向人生巅峰；而我们中的大部分人耗尽全力却仍然在最基层的业务岗挣扎，仍在贫困线上徘徊？

为什么同样是从业务起步，五年后有的人成为纵横捭阖，御敌于千里之外的大将；而大部分人中的我们面对市场却常常像无头苍蝇，屡战屡败仍是小兵一枚？

更可怕的是，即便再过五年，我们可能仍然还是在原岗位踏步。为什么会这样呢？是那些成功者比我们聪明吗？还是那些成功者一定比我们努力 N 倍吗？不，不是，成功的人毫无疑问会非常努力，但努力与成功并不是必然关系。笔者分析和观察了众多销售老总的成长经历，发现那些能够在白酒行业平步青云的营销人员，**大多在工作期间至少做好了这五项基本工作：团队管理、渠道管理、经销商管理、费用管理及自我管理。**

第一项工作：团队管理。区域管理者有四大核心职能：定策略、带队伍、追过程、要结果。无论你现在处于什么职位，每天一定要逢空必想、逢空必思如何管理人，如何带好队。因为你所能管理的人数，是雇主衡量你身价的硬性标准之一。总的来说，如果能够有效管理 30 名以上营销人员的团队管理者，月收入两万元左右在大部分平台是可以实现的。如何做好团队管理，相关的著作汗牛充栋，这个仁者见仁，智者见智，没有固定的标准与模式，与领导者的经历、性格、风格等有关，但总的原则是可以谈谈的。**团队管理无非分为两大部分：一是过程管理；二是结果管理**。对于机械性的工作如搬运、配送等，要注重结果，注重绩效管理；而对于创造性的工作，应该以过程管理为主，注重发挥人的积极性、创造性。总的要求可以概括为两个字——“极致”，延伸开来就是**使团队成员做事达到 18 个字的标准：精细化、极致化、标准化；敏感化、适应化、创新化。“企业就是人”，团队管理是一切事业的基础**。本书提供了一些非常简要的管理理念及工具，中基层管理人员结合公司情况及市场情况合理使用，去系统性落地，对于人员效率的提升会有非常好的推动作用。

第二项工作：渠道管理。渠道管理的内容较为庞杂，但所有的一切，其实都是围绕一个核心（即产品动销）来做的，只是不同的企业有自己不同的模式支撑及名称而已。成功的品牌运作经验都是类似的，而失败的品牌各掉各的链子。**产品从动销到畅销、到脱销，做好动销六要素最为根本，即铺货率、拜访率、首推率、氛围度、促销度、客情度**。铺货率即目标网点的进店率，进店率越高，则意味着消费者接触我们产品的机会越多，而接触机会越多成交机会便越大。铺货率的好处，谁用谁知道。可口可乐风靡全世界的秘诀之一便是靠着“看得到、买得到、乐得买”的执着精神，将产品铺到各个角落。**什么叫目标网点？即当地有影响力的店、老店、旺销店、形象店、客流量大的店**。掌握住了目标网点、关键网点，往往能够起到四两拨千斤的作用。拜访率不仅仅指拜访频次，更重要的是拜访的效果。拜访终端不能流于形式，为了拜访而拜访，现在很多企业的业务员已经把终端拜访渐渐变成了拍照片的艺术。**终端拜访一定是有意识、有目的、有计划的业务动作。每一次终端拜访一定在四个方面有所收获：即发现什么问题、解决什么问题、完善什么过**

程、推进什么结果。首推率即终端老板对我们产品的推荐频次、态度，**是唯一推荐、第一推荐还是不推荐**，老板的态度在产品导入初期及后续的产品成长期都是至关重要的。**产品导入期重推力，成长期重拉力，成熟期要推拉力结合**。氛围度即营造热销氛围。怎么营造？简单地讲，就是看我们的品牌元素是不是全部到位了。品牌元素包括但不限于：门头、海报、单透、推拉贴、柜眉、包柱、吊旗、陈列、爆炸贴、KT 板、价格签等。**营销无非就是两件事情：一是把产品铺到消费者心里；二是把产品铺到消费者面前，氛围度考核的便是第二项**。促销度即促销的力度，促销力度不能体现在价格上，那是搬起石头砸自己的脚。促销要多做消费者促销，弱化渠道促销；多做价格不透明的柔性促销，少做硬性促销。客情度即客情关系的好坏。**客情好坏与拜访次数有一定关系，但不是绝对关系**。客情关系的建立方式方法技巧更重要。总的来讲，就是每次给对方带去某种好处，要么是精神上的（**会说话能使老板开心，也是生产力**），要么是物质上的，而且要以精神上的为主，因为物质往往是有限的，而且太容易被其他企业模仿。

第三项工作：经销商管理。对于经销商管理，很多老业务员的认知里仍然是大碗喝酒大块吃肉、哄经销商开心；还有人说给经销商尽可能争取费用投入力度，让经销商拿到更多政策、更多低价货；还有更直接的协同经销商套取公司费用，以费用换人情，月底再突击用政策压货，公司任务可能也会完成得八九不离十。笔者想前面几种情况代表了绝大部分业务人员的真实想法，很多人其实也是这么做的。所以经销商一直也得不到提高，而区域市场销量很快便面临瓶颈，业务人员自身更得不到提高。在商业环境日益规范的互联网时代，全国都在转型升级，我们与经销商的关系及管理也应该升级，经销商管理不是和经销商吃喝玩乐，也不是帮经销商套费用，更不是看谁能给经销商压更多的货。**经销商管理就是要切实地至少**

帮助经销商提升五个方面的效率：人员效率、渠道效率、仓储效率、费用效率、配送效率。人员效率即帮助经销商组建团队，完善员工的招聘、管理、培训、考核、监督、离职等核心流程，核心是让经销商人员“人人都有事情负责、事事都有人负责”。渠道效率即帮助经销商整理总结出一套渠道管理模式，如拜访频率、客情维护方式等。仓储效率即帮助经销商优化仓库里的产品，包括优化品类、产品存放、产品出入库等。费用效率即帮助经销商提前把涉及费用核销的关键问题想清楚，快速及时无误地把经销商代垫费用核销完毕。配送效率即帮助经销商设计产品配送线路，减少送货时间，缩短送货路程。以上经销商管理的五个部分说起来很简单，可是要做好，却是一个非常需要耐心和细心的工作。招商不如选商，本书只涉及经销商招募的问题。

第四项工作：费用管理。费用流程可分为申请、实施、监督、核报四个阶段。费用申请要做到“真实、合理、高效”的原则，申请多了浪费，申请少了又不够用。实施方案要考虑执行的可行性，站在执行层面去思考，不能闭门造车，自己给自己的活动执行添堵，导致经销商及团队怨声一片。监督要刚柔并济，在坚守原则的基础上，在可控范围内留有一定的灵活性，一切以能够促进市场发展为主。核报要及时高效，确保投放出去的钱能够安全回到经销商账户，这样经销商才不会“恨”你，才不会到领导那给你穿小鞋。记住，**你是市场的管理员，不是厂方及经销商的报账专员，所以对于费用管理要多去思考多去分析，为什么投放这些费用，投放这些费用的目的达到了没有，下次应该如何去做等。事情最经不起思考，想多了自然就成了专家，而专家才有话语权。**费用管理与每一个厂家的运作模式与制度有关系，且关键在于厂家的营销系统支撑，本书暂不涉及此内容。

第五项工作：自我管理。我们的外勤业务人员，虽然有分公司/

办事处在附近，可毕竟领导没有天天跟在身边，所以这就要求我们要有高度的自律精神。自我管理可以分为 N 多方面，笔者只提工作中的**三大方面，一是时间管理，二是工作管理，三是财务管理**。时间管理就是要求我们对于每天的时间做好合理的计划与安排，减少那些没有创造性的事情，提高时间效率，拒绝磨洋工。工作管理便是要提前将当天的工作做好计划与安排，事后做好总结与思考，**使成功可以复制，失败只有一次**。财务管理就是不该拿的钱不拿，不该要的物品不要。也许你觉得天知地知你知我知，不拿白不拿，可是永远要记住常在河边走哪能不湿鞋。为了眼前的蝇头小利，却失去了升职机会及个人品牌是得不偿失的。

总而言之，每个人的时间都是有限的，一个人光靠自身实践去经历、去尝试所付出的时间、精力及机会成本是相对巨大的，而**时间是最珍贵的不可再生资源**。太阳底下没有新鲜事，我们所面对的困惑与困境，前人大多已经有了一套成熟的解决方案及应对系统。但是目前大部分企业的人员培养仍然是以员工自己探索为主，且往往人力资源部门与市场一线需求是脱节的，企业耗费大量资源却仍慨叹无人可用，而员工撞得头破血流却收效甚微。故而，笔者萌发了整理一本营销工具书的想法，把自己这些年在白酒行业所思所经历的成败得失、心路历程总结分享给奋斗在营销一线的白酒人，让营销人员“依葫芦画瓢”，拿来使用。

阅读本书，相信很多人会有一种似曾相识的感觉。的确，书中的工具方法并不新鲜，很多人也有可能在使用，同时很多思路借鉴了众多营销专家的思路。**笔者更多的是结合自身实践经验进行了整理归纳、去芜存菁、优化升级，节省了自己去寻找材料、整理材料的时间和精力。**

本书的目的：

对白酒营销人员来说，依葫芦画瓢，拿来即可用，立即提升自

己操作市场的段位，形成系统化的思考方式，为走向管理岗位夯实基础。

对用人单位来说，可以根据本书模块对业务人员进行系统的基础培训，让企业不增加营销成本，而是向管理要效益，通过优化管理的方式批量化地生产营销特种兵，让85%的伙伴≥85分。

本书既对基层有指导意义，亦对经理等中层管理岗位有抛砖引玉之功效。但是我无法告诉你一招制胜的绝招，仅靠一本书不会解决所有的市场问题，“师傅领进门，修行在个人”，看书的目的在于学习及运用系统化的思考方式。虽然本书中的工具方法拿来即可用，但是值得注意的是“兵无常势，水无常形；能因敌变化而取胜者，谓之神”，能否打出降龙十八掌的效果，关键要看个人的内功心法如何，系统思维能否领悟及构建到位，关键在于是否能够准确把控好市场投入的力度及节奏，打好组合拳。

最后，感谢愿意把毕生所学形成铅字的先贤大能、专家学者们，阅读您们的大作让我的思维得到了释放；感谢博瑞森张总一如既往的支持，贺君编辑审稿的细致认真和辛苦付出；感谢关心和支持我的老师、同事、企业家和朋友们及在背后默默支持我的家人。本书的智慧不仅仅是一个人的智慧，更多的是集体智慧。没有你们，这一切难以发生，谢谢大家！

看完本书，在营销工作中，您会经历如下三层状态：

（1）昨夜西风凋碧树，独上高楼，望尽天涯路；

（2）衣带渐宽终不悔，为伊消得人憔悴；

（3）众里寻他千百度，蓦然回首，那人却在灯火阑珊处。

希望本书能帮助您尽快进入第三层状态！

欢迎广大读者加编者微信（i19690720）交流。

刘孝鞅

目录
Contents

第一章

终端业代拜访标准化管理

第一节　练好这五招，让终端业代告别“放羊”状态

快消品终端业代是营销团队里面最难“伺候”的一个群体——团队数量庞大、工资不高且发展前景很不明朗、团队成员年龄参差不齐、酷爱好勇斗狠。这一群体关键还是室外作业，不像其他行业的销售要么有“金手铐”，看在人民币的面子上不敢乱来；要么素质好，自己不想也不愿意乱来，或者像其他室内工作的销售一样，主管后面一站，销售想乱来也不行。

故终端业代的特性及管理的缺失极易造成如下“放羊”状态：

9：30开完晨会了，10：00还可以看到业代们在办事处附近的早餐店侃大山；到市场要么是站在门口吆喝“老板，要货不”，不要货拍拍屁股就溜；要么是蹲在一个环境好有空调的店玩游戏不亦乐乎，玩到快12：00收工回家吃饭。

还有部分业代一出门头脑便处于游离状态，先在城西拜访几家

店，突然想起城东的老张店好久没去了，然后径直骑车过去，之后又从城东骑回城西继续拜访，还没拜访几家店，一看表快12点了，坏了，今日拜访任务还差得远……接下来就是锻炼拍照技术的时候了。

大家想想自己团队的工作状况是否如此呢？终端业代们每天为应付公司各项考勤制度及表格弄得心力交瘁，公司“日费百金”却收获寥寥。所以现在有人说，**终端拜访效率的高低已经升级到了决定市场运作成败的高度**。其他一切工作，无论是差异化的市场投入，还是让人爱不释手的促销品，分分钟便能被模仿且能被超越，而唯独企业自身修炼的管理体系却是他人难以复制的。所以本节我们练好下面这五招，让业代告别“放羊”状态。

一、第一招，工作精细化：事事有人做、人人有事做

如何使终端拜访工作精细化？我们把业代终端拜访的工作内容拆解成拜访准备、收单、开单、陈列、收款、退换货、广宣布置、客诉、质量问题、压货话术、促销执行、客户异议处理、聊天话题库等一系列基本动作，围绕这些基本动作梳理具体的工作内容及具体工作标准，业务人员做起事情来便会有迹可循，管理者检核起来也会有“法”可依。

为什么中餐是世界上最好吃的食物之一，但是做得有规模的中餐店却屈指可数？而麦当劳、KFC却能将店开向全世界，还保证口味全球统一不变，核心秘诀便是将营运过程中的每一个模块进行极限分解并标准化，让任何人都能看得懂并标准执行。

针对业务人员每天的拜访工作，要严格地做好**“五定”——定人、定线、定时、定量、定效**。

定人，便是要把任务目标责任落实到人，不允许出现一个店两

个人负责或者一个人都不负责的情况，也就是要量化、固化每个人的具体工作。

定线，便是固化拜访线路，简单来讲就是制定好拜访线路图，避免一个店一天去三次或一个店三个月不去一次的情况。业务人员严格按照当天的线路规划一个店一个店去跑，不允许出现凭自己好恶选店跑的情况。避免业务人员“只跑大店，不跑小店；只跑老店，不跑新店；只跑客情店，不跑问题店”的情况。

定时，可以分为两方面：一是业代每天的基本工作时间要固定；二是核心终端的拜访时间、频率要保证。确定业代基本工作时间主要是为了确定几个关键时间点：一是早上出门第一家终端的拜访要有时间限制，不然就容易出现9：30开完晨会了，10：00还可以看到业代们在办事处附近的早餐店侃大山的情况；二是每个店的停留时间须限定基本工作时间（特殊情况须要报备），比如一家店待满20分钟才算完成有效拜访指标，不然极容易出现业代在一个店磨洋工，一待一上午的情况；三是晚上最后一家店的拜访时间要确定，避免有的业代上午匆匆把今天的拜访指标跑完，下午便干私活去了。

定量，也就是定工作量，每天必须跑多少家终端要说清楚，有的业务人员每天只跑4家不到的终端，这种情况在业务人员里面绝不占少数。白酒的产品特性比较特殊，需要与终端做深入的政策沟通及客情交流，虽然不能简单地从拜访数量上要求，但中高端白酒业代一天10家左右的总拜访量是比较合适的，有效拜访量可能只有8家以上。具体还要根据终端网点的分布、城市交通情况、阶段工作任务综合来确定。

定效，也就是定效果，业代跑每家店，去了得有成果拿回来，**要么是销量成果（卖货了），要么是过程成果（贴海报，或客诉处理，或整理陈列，或贴了推拉贴等）**。要是业代一个店去了一遍，什么成果都没有，就要接受处罚。

通过以上“五定”能让业代感觉到混日子是不行的，能够初步形成做事的风气与氛围。但是仅靠“五定”显然是不够的，正所谓人性本恶，“上有政策，下有对策”，还得借助下面四招。

二、第二招，三精十步骤：动作标准化，威力无穷化

上面“五定”讲的是战场之外的事情，下面我们来讲讲具体的作战方针和策略，即“三精十步骤”。就是要求业代严格地按照“三精十步骤”的程序进行具体的拜访工作。

部队的执行力在团体里面一定是最强的，部队会反复地训练战士“齐步走”这个动作，以达到思想及指挥的统一，当团队所有人的动作达到统一时，爆发出的能力一定是惊人的。

白酒行业的“齐步走”动作便是“三精十步骤”。“三精十步骤”的具体流程请参照下一节内容。

三、第三招，奖罚常态化：功臣享荣华富贵，“疲民”受严刑拷打

什么是功臣？功臣就是指哪打哪，能实现既定目标的人。什么是“疲民”？“疲民”就是吊儿郎当、偷奸耍滑，完不成销售业绩的人。制定以业绩为导向的考核体系，让“想干事、能干事、干成事”的功臣赚到预期，甚至超预期的薪酬与奖励，这样功臣便会越干越来劲；同时让不想干事，甚至背后故意捣蛋、满腹牢骚的“疲民”，不仅拿不到钱，还要挨鞭子抽，这样“疲民”便会慢慢变为功臣，即使变不成功臣也能有所收敛。

奖惩常态化的三个关键：随时奖惩、天天奖惩、店店奖惩。

什么是随时奖惩？就是随时去任意一家终端，价格体系、广宣布置、首推率、陈列等各项核心工作要求必须合格，要是不达标，

那就只能狼牙棒伺候了。随时检核奖惩能让业代有一种如影随形的压力，从而不敢偷懒。目前绝大多数主管在检核工作方面是缺失的，或者说没有形成系统性的制度，多以随机性为主。

什么是天天奖惩？就是每天都把数据、成果拿出来晒一晒，每天进行复盘，让做得好的地方及时给以奖励，有待提升的地方及时给予警醒。惩罚不一定非得用现金，表演节目、名誉处罚比单纯罚款效果要好。

什么是店店奖惩？就是每一家店都得说明新品铺不进去是什么原因？陈列没摆好是什么原因？老板不主推是什么原因？解决方式是啥？什么时候解决？不说出个子丑寅卯，惩罚伺候。

四、第四招，检核

检核，就是检查核实。**简单来讲，就是检核终端动销 6 要素，即铺货率、拜访率、首推率、氛围度、促销度、客情度。**

检核铺货率包括目标网点的进店情况、品项情况（高端产品进店情况）等。

检核首推率就是看店家对产品的态度。要是去几个目标终端，店家都是推竞品，那么其中肯定有隐情。

检核拜访率简单来讲就是看业代是否按终端拜访“三精十步骤”的要求认真做了。

检核氛围度就是看广宣的布置及维护、陈列面的维护情况。

检核促销度就是看促销的执行情况，促销的方向有无偏差、促销品有无截留等。企业做促销其实可以分为五大核心目的：提升销量、消费者沟通、推广品牌、打击竞品、深化客情。根据品牌、企业所处的阶段及竞争环境，每次促销都有所侧重，故检核时要看是否达到既定目标。

检核客情度便是看业代与终端的黏性。有一个很简单的判断标准，如果店家知道业代的姓名和固定来访的时间，说明该业代的客情基本合格；要是店家都不知道负责自家店的业代是男是女，说明业代的基础工作效果太差，终端拜访工作形同虚设。不要小看这个要求，你去自家的区域终端看看，有多少老板记得你们品牌的要货电话。

五、第五招，晨会管理：不达业绩不罢休

高效晨会的五个核心步骤：

喊口号。为什么一定要喊口号？大家刚从家中急急忙忙来上班，这时会议室里有喝豆浆的，有整理资料的，还有讨论昨晚电视剧的，成员十有八九都没有进入工作状态。喊口号相当于是上课打铃，告诉大家正式上班了，手头上的事情全部停下来，同时也是在给大家打气，提振精神。

口号喊什么？建议大家给自己的团队起个队名，然后设计几句简单的口号，这样可以增强仪式感，增强团队的凝聚力。

公布昨日检核情况及奖惩措施。把需要引起大家重视的地方强化检核，检核的结果通报一定要深入细致，让业代没有狡辩的机会及勇气，同时检核通报得越细致，业代才会知道主管是在动真格的。每日的检核及奖惩能够让大家时时绷紧神经。

业代述职。业代汇报昨天工作情况及工作成果，上报今日工作路线及工作计划。主管根据业代汇报的内容做出点评及问题解答。

培训。借晨会的机会让大家再次熟练促销政策、销售技巧、工作标准等内容，并做好演练。（每次晨会可专项练一项即可，以免信息量太大，大家消化不了）

工作安排。安排工作要具体量化（如跑多少家店，做多少家陈列），有执行标准（如陈列多少瓶才算合格）、有时间节点（三天一考核还是五天一考核）、有奖惩（完不成任务将受何种处罚）。

值得注意的是，早会成败的关键在于提前做好充分的准备，包括数据上的及话术上的，建议最好是会前把要点做好记录，以免会上丢三落四，或者避免无法回答团队比较敏感的问题。

企业如果能够把以上团队管理五招形成系统化的措施及标准，团队的整体工作状态及成效将会有很大的改观。避免一年只忙两节压货突击完成销量，其他时间进入“度假”模式的情况，实现业务人员动作效果达到85分以上的标准。

第二节　白酒终端拜访三精十步骤

终端拜访基本上是每个快消品企业每一个业代每天都在干的事情，但是相当一部分人员却是在为跑终端而跑终端。营销是有因有果的事情，如果平日的基本功没练好，客情基础不稳固，那么市场快速发展的势能是难以形成及持续的。

故本章在可口可乐终端八步骤基础上，结合白酒企业品牌属性特点，总结梳理出了白酒业务人员终端拜访的三精十步骤。

一、三精一：精通我品

产品知识是销售工作的第一步。产品知识不在于知道，关键在于精通，要达到对于我们的产品，我们就是专家，就是权威的基本要求。产品知识越丰富，我们底气越足，在与客户沟通的过程中，客户更能对我们产生信赖感。

精通产品可以从以下方面准备：

其一，公司产品包装、容量、设计特点（比如国窖1573包装设计体现出的“五国”元素）、推出时间及故事。

其二，与竞品相比的特点、优劣势。

其三，精通公司品牌的内涵、发展方向、历史典故、文化故事。

其四，精通公司及产品的发展情况、趋势。

其五，精通我们的产品能够为消费者、为客户提供什么核心价值。

其六，精通全国样板市场/区域样板市场及样板市场的打造过程。

其七，活动政策能够为客户带来怎样的好处。

其八，公司如何管控市场秩序，对违约行为如何处罚等。

二、三精二：精通客户

绝大多数业务人员跑了几次终端就知道老板是男是女、店在哪儿等基本信息，可是跑了一年半载后，你问业务人员，他们往往还是只能回答这些基本信息，有的甚至连老板姓什么都不知道，所以很多业务人员只能生活在食物链的最底层。只有最优秀的业务人员才知道去精通客户，知道他们的所思所想、在乎和恐惧的东西。有的放矢，才能箭无虚发。

要做到精通客户，其实并不难，但脚踏实地去做得少，关键要养成善于观察、不断积累资料的好习惯。

其一，要了解客户的基本情况，如姓名、地址、电话、性格、家庭等基本情况。

其二，客户各产品目前的销售情况及历史原因（如与某品牌是否因为某事产生过摩擦），我们产品的销量及占比。

其三，客户的渠道网络是怎样的？是团购型、二批型、零售型还是综合型（不同类型的客户，我们在终端拜访及沟通过程中，解说的侧重点便会不一样）？

其四，客户是喜欢推新品还是喜欢卖薄利多销的成熟产品？

其五，客户的实力情况如何（如经营年限、规模、销量、资金、人员、有无其他产业等）？发展态势怎样？

其六，客户的服务意识如何？配送能力如何？有几台车？

其七，客户的业余爱好是什么（喜欢打麻将还是喜欢钓鱼等）？

其八，客户的信誉度怎么样？同行口碑如何？结账习惯如何？有无欠账历史？

其九，其他厂家/业务人员对该客户怎么评价？

三、三精三：精通竞品

终端老板长期与各类业务人员谈判各种小利益，在各类厂家的“伺候”下逐渐形成了一种“好勇斗狠”的心态，动不动便会拿竞品来打压我们产品的气势。**比如我们说产品利润大，终端老板会说竞品卖得更快；我们说产品卖得快，终端老板往往会说某竞品利润差大。只有精通竞品才能更好地化终端老板的“降龙十八掌”为无形，否则我们与终端的交流可能就会陷入死局。**

精通竞品从哪些方面入手？

其一，竞品的价格体系及利润空间是怎样的？终端实际消费者成交价、批发价、内部调货价、利润空间、利润率如何？

其二，竞品的市场操作政策内容及特点？与我们产品相比的缺点/劣势。

其三，竞品在市场上的表现如何？面市率、陈列、氛围营造、产品质量、口碑、服务等怎么样？

其四，客户对竞品的态度及原因？主动推荐吗？与经销商的关系如何？

其五，消费者对于竞品的态度如何？

其六，竞品的经销客户体系如何，商誉怎么样？

上面讲的需要精通的三个方面没有必要去死记硬背，**把上面提到的要点、关键的地方思考清楚，最好用 Word 整理，**这样在与客户交谈的时候就会底气十足，正所谓“腹有诗书气自华”，无形中每天都会自信满满。

白酒终端拜访，不需要高深的技术，就是团队成员日复一日地把标准动作执行到位，日积月累，从而滴水石穿。

什么是终端拜访的标准动作？就是终端拜访十步骤，大致为准备工作→寒暄问候→检查店内外广宣→整理陈列→我品信息→竞品信息→检查售点库存→建议订单→确认订单→反思绩效、道谢出门。

四、步骤一：准备工作

“凡事预则立，不预则废。”业代在拜访客户前，都要做好相应的准备工作。这些工作主要包括：

检查个人的仪表。业代是公司的形象代言人，客户往往会把业代等同于公司、产品。一个有着干净整洁的穿着、良好精神状态的业代一定比一个衣衫不整、邋遢脏乱的业代让人更值得信任，尤其在涉及吃喝的行业更是如此。

业代的仪表简单要求：外表和服装要干净整洁（衣服要勤换洗），胡子要刮干净（不能蓄胡须），不得留长发，不能穿短裤、二八裤，夏天不准穿凉鞋和拖鞋，手指甲要干净，不留长指甲。简而言之，要给人神清气爽的感觉。

检查客户资料。出发前要在头脑中过一遍客户的相关信息，有备才能无患，具体参照精通客户的要求。

准备宣传物料。主要包括门贴、推拉贴、地贴、箱模、商标（品牌贴纸）、海报、价格牌、促销牌、爆炸贴、促销品等。通过这些宣传物料的使用可以使消费者在终端有陷入我们产品海洋的感觉，从而刺激消费者购买。

准备清洁用品。带上干净的抹布，在清洁产品的同时与客户交流，能更容易赢得客户的信任，同时也可以避免无话可说冷场时的尴尬。这样的工作虽然极为简单，但是目前去执行的企业却不到

3%。当大家都不去做的时候，简单的工作便是绝招。

拜访目标准备。这次拜访该客户需要达到怎样的结果与目标？客户的需求是怎样的？我该采取怎样的沟通技巧来说服客户接受我们的产品政策？客户的主要抗拒点是什么？如果客户拒绝，我该采取怎样的沟通话术及应对措施？上次拜访有无需要本次兑现的对客户的承诺？只有这样做好充足的准备才能有备无患，减少突发情况带来的不必要的损失。（拜访目标准备，也是业务主管在早会等会议中需要注意和重视的）

五、步骤二：寒暄问候

进入终端前先调整好自己的情绪、微笑，恰到好处地称呼店主的名字，一开口便用自己的精神状态和气场吸引住客户。为什么要恰到好处？有的老板希望别人抬高自己，喜欢听别人叫自己某总；有的老板却比较随和，你称呼他老板或某总会给人一种距离感，这种老板叫某哥比较合适。具体称呼需要业代根据自己对店老板的了解及自己的判断，以老板开心为准，可以肯定的是，进门不说话或者称呼“喂”是绝对不允许的。

和客户寒暄时，不要直接谈及订货的事情，或者一进门就把产品政策像倒豆子那样全部倒出来（**谈政策一定要慢慢谈，挤牙膏似的谈，不要一次性满足客户条件。谈判的核心原则之一，便是当你有所让步的时候，对方一定也有所付出**），而是要在平日通过和店主正常的交谈中了解其生意状况及家庭情况，恰到好处地出点子，把自己的思想融入客户的生活及经营中。只有坚持下去，让客户每次见到你都像见到久别多年的朋友那样，接下来谈合作、谈进货就会容易很多。

六、步骤三：检查店内外广宣

逐项检查店内外的广宣品。门头牌的灯是否正常、是否渗水；

门贴、推拉贴、店内海报、KT 板是否陈旧、破损需要更换或者有没有被竞品覆盖；价格牌、爆炸贴是否还在，数量、位置是否达到公司要求等。总之，只要有的宣传物料都要检查一遍。有不足的及时动手解决，暂时解决不了的做好记录并上报，后期逐步解决。

七、步骤四：整理陈列

陈列是检验业代基础工作的最好方式，基础工作扎不扎实，落地工作到没到位就看陈列。另外，没有陈列就没有销售，我们要根据售点的实际情况，按照“全品项、最佳位置、最大面积”的陈列要求来规范我们产品的陈列位置、陈列形式。在整理陈列的时候，要拿出之前准备的抹布保持公司产品的清洁。一个清洁的产品更能激发消费者的购买欲。

为什么要求业代一定要带抹布呢？通过清洁产品，在“神不知鬼不觉”的情况下调整陈列位置及瓶数。

八、步骤五：我品信息

了解我品信息：终端老板、消费者对我们产品态度如何？是否主推产品及其原因？我们产品近期的销量如何？我们产品在终端的成交价区间是怎样的？我们产品的市场政策在终端效果如何？终端对我们产品有何意见及建议？

告知我品信息：反复强调卖一件货比竞品多挣多少钱、反复强调产品卖点（如国窖 1573 酒是 1573 国宝窖池群酿造等）、反复重申促销信息等。通过每一次拜访不断强化终端对我们产品的认知，从而将我们产品品牌印在客户大脑里，让客户随时“想得到”。

调整售价：在发现终端成交价低于或高于公司允许的范围后，要学会去引导终端调整售价。

某酒终端成交价840元/瓶是合理的，如果消费者实际成交价是780元/瓶，那肯定不行。这时候你直接跟终端讲，您卖840元/瓶吧，这样赚得更多，店家表面上肯定跟你讲“行呀，下次就卖840元/瓶”，他真的会按那个价卖吗？往往不会，他之前卖多少，之后还是多少。

这时候我们怎么办呢？很简单，街头老李的店都没有低于850元/瓶卖的，他每个月能卖多少件，能赚多少钱，就是要让该终端眼红，这样店老板就会默默地调整售价，也许不会一次性达到我们的预期值，但是至少会引发终端调整售价的思考。如果终端零售价高了，可以如法炮制。终端老板不是不想赚钱，而是怕自己的价格比其他终端售价高，从而丢失客户。

九、步骤六：竞品信息

了解竞品信息：参照精通竞品那一部分。

其一，竞品的价格体系及利润空间是怎么样的？终端实际消费者成交价、批发价、内部调货价、利润空间、利润率如何？

其二，竞品的市场操作政策内容及特点？与我们产品相比的缺点/劣势。

其三，竞品在市场上的表现如何？面市率、陈列、氛围营造、产品质量、口碑、服务等怎么样？

其四，客户对竞品的态度及原因？主动推荐吗？与经销商的关系如何？

其五，消费者对于竞品的态度如何？

其六，竞品的经销客户体系如何，商誉怎么样？

十、步骤七：检查售点库存

清点库存，是拜访终端的一个非常重要环节。准确的库存情况，能够使上级推测出终端及市场的运营情况，为下一步的市场策略提供决策依据。

库存信息要包括：终端一共有哪些单品及库存量？哪些单品的库存是异常的？生产日期是什么样的？产品动销周期是多久？等等。

值得注意的是：能够坚持每天拜访终端均检查库存的人员占比不超过20%，可见基层管理工作可提升的空间多么巨大。当公司需要提交库存报表时，坐在办公室，花10分钟拍脑袋填表的人员不在少数。

对于拍脑袋填库存报表的人，一定要“杀无赦”。

十一、步骤八：建议订单

清点售点的库存之后，业代根据库存情况，按照1.5倍的安全库存原则，向客户提出具体的订货建议。我们不能为了一时痛快给终端压过多的货，终端消化不了的产品，最终还得我们想办法解决；但是也不宜过少，过少容易断货，断货便会白白损失销量，丢失消费者。根据“1.5倍的安全存货量”订货，是众多企业经过多年实践总结出的比较合理的方法，能够兼顾多方利益，同时使客户在正常的经营状况下不至于出现缺货或断货的现象，避免造成生意上的损失，还可以帮助客户有效地利用空间和资金，不出现货物积压、资金无效占用的情况。

由于白酒产品不存在过期的问题，所以库存可以略高，客户有一定库存压力之后，推荐产品的动力会更足。结合以上原则，将客户进行分类，**批发型的客户库存量低于其实际需求更好，以免低价抛货回笼资金，给价格体系带来压力；而团购型的客户库存量可以略高于其实际需求，从而抢占客户的注意力及资金，促进产品动销。**

十二、步骤九：确认订单

销售拜访结束后，业代要再一次确认客户的品种、订货量，最好让订货的终端在订货单上签字，然后组织安排送货。

为什么要确认订货？是不是大家时不时会遇见上午说得好好的，下午司机把货送到，又突然反悔不要；或者明明说好货到付款，货到后却要求赊销；或者是我没订这个货，可能是我老婆订的等情况。遇见这种情况，你可能又得从城南跑到城北来救火。所以为了提高效率，一定要再次确认订单，并要求客户签字确认。

十三、步骤十：反思绩效、道谢出门

反思绩效，就是该干的事情干完了没有。出门前回忆回忆，竞品海报被拿掉了没有？出门前领导交代的把竞品促销政策调研清楚的事情搞定了没有？从外地拿货的这个老板背后的人找到没有？产品库存例行检查了没有？刚才与老板聊得挺开心，产品忘记擦了没有？等等。

道谢出门，体现专业素质。拜访终端和走亲访友差不多，不能事一办完，低头就走了。告别时，真心问句“还有什么可以帮你的”，无疑会使客户有初恋般的感觉。祝您生意兴隆！不要小看简单的祝福语，客户听多了，几天听不到可能都不习惯，没准会主动打电话问你，“小张，怎么这么多天不来啦”。

希望基层管理人员根据实际情况灵活运用“拜访十步骤”，并想办法让业代把“拜访十步骤”当成一种习惯，多运用、多思考、多总结，使业代拜访工作每天进步一点点，每天成长一点点。

把简单的事情做到极致，便是绝招！

第三节　经理下市场到底该干些什么

经理作为企业中层，是企业运转的枢纽，起着承上启下的作用。一般掌管好几个市场，常见的是管理几个地级市，下面再分为若干个市场；也有的可能是管理一个区域市场，下面带几个主

管。经理不像高层可以只“务虚”，也不像主管在一线直接管业务。经理是既务虚又务实，**核心职能可分为四块，定策略、带队伍、抓过程、出结果**。出差是经理层级的家常便饭，出差走访市场便是抓过程（做检核）的重要体现，可以说检核水平的高低体现着经理的业务水平。

有相当一部分的经理下市场往往只是走个过场，通常情况是跟经销商吹一阵牛之后，就是胡吃海喝一顿，然后酩酊大醉到天明，之后再去下一个市场开始一个新的轮回。这种下市场除了让自己感觉很忙外，对于业绩推进的效果是微乎其微的。

那么经理下市场到底该干些什么呢？我认为有**五大核心模块（发现问题、分析问题、解决问题、规避问题、检核执行）**，具体而言就是两大核心动作——市场调研和工作会议。

“没有调查，就没有发言权。”市场调研是发现问题、分析问题、解决问题的基础，不然接下来与经销商的交流及工作会议便会流于形式，没有说服力及力度，经销商也会觉得是在浪费时间。

终端每天接待几十上百的厂家人员、经销商人员、送货人员，忙里忙外常常吃饭都像打仗一样，难免对这些新面孔的经理心生懈怠，碰到爱答不理的软钉子是常有的事。那么该如何让终端对我们敞开心扉，以便获取有效信息呢？在具体讲市场调研前，应该掌握一些必要的技巧。

一、与店家“搭讪”的五个基本技巧

1. 自报家门表来意

自报家门，明确告知对方身份。根据需要了解的信息情况，可以选择三种不同的身份——**我品、竞品、第三方（如咨询公司等），以便从多方角度获取更精准真实的信息。**

“老板，您好，打扰一下，我是某某酒厂的，是某某公司在这边的经理，今天下来看看市场。”（如果我们的品牌在市场上比较成熟，那就用自己的品牌；如果不是，就找个相对知名的。当然，前提是你对这个品牌有一定了解，不然终端随便问个问题，回答不上来就露馅了）。店老板心想：哦，大品牌领导过来了，平日都是小兵，有不满意的得反映反映。

“最近产品卖得怎么样呢？今天我来主要是看看我们的产品，看看您这边有什么问题没有，看看您对咱们的产品、服务有什么建议或意见。”

“今年生意都不太好做，我们也是下来看看，出什么活动政策能帮大家提升一下销量，不知您有什么好的想法没有？”（店老板一听对自己有利，自然又热情了许多）

2. 询问客诉表关心

“我看咱货架上摆的咱产品挺多的，一个月多少陈列费呢？陈列费每个月都按时发给咱没有？”**（多用“咱”“我们”这类词，让店老板在潜意识里面认为我们的利益是一致的，从而消除戒备心理）**

“经销商送货都及时吗？经销商服务怎么样？对经销商服务有什么不满意的，您告诉我，我来协调让经销商改进。”

“之前进的货有没有出现漏酒、半瓶酒之类的情况，这种情况极少，但是也不排除，如果有，您告诉我，我来安排人给您调换。”

3. 提及熟人拉关系

店老板对于陌生面孔往往有一种防备心理，表现就是爱答不理，一副冷若冰霜的样子。

“咱的货是不是老刘送的呢？瘦瘦的高高的那个。”老板一听是熟人，往往不会再拒人于千里之外，会热情很多。如果回答对，这时候我们就可以经销商为话题继续聊下去，“老刘这人蛮不错的，做酒生意都十多年了。”“对，我刚开店的时候就和他打交道了。”这样你一言我一语，店老板话匣子就打开了，接下来没准就会邀请我们坐下来喝茶了。

4. 客情礼品快升温

带一些扑克牌、圆珠笔、打火机、抽纸等促销品，适当送小礼物往往会使拜访更顺利。

“今天我来看一下您这边有什么问题能帮您解决的，另外给您送一些促销品。”（店老板心里窃喜，哦，不是来让我进货的，是给我送东西的）

5. 擦拭产品树形象

随身带块抹布，在整理陈列、擦拭产品的时候与店家交流，这时候店老板已经被我们的专业精神打动了，透露的信息也会更多一点。

二、市场调研

与店家“搭讪”的五个基本技巧就先讲到这里，当然经理们都身经百战，有一套自己的方式方法，合适的就是最好的。下面我们来讲解具体的市场调研工作。

市场调研，简单来讲有三个核心事项——动销要素、专项检核、其他事项。

动销要素包括但不限于：

铺货率及品项结构表现：公司的几大核心产品在市场目标网点的铺货率情况，看店内品项结构存在的问题及改善机会。我们公司的产品与竞品相比在产品品项、包装、产品特点方面存在的机会及不足，有无必要引入新产品。

经销商是否按照公司指导价操作市场？明码标价是否做到位？终端实际成交价是否异常？**偏高则影响销量，偏低则没有未来。**

公司产品的价格体系设置合理吗？利润空间是否有吸引力？

终端推荐率：店老板把我们产品作为第一产品推荐还是让我们产品自然动销？店老板是否熟知我们产品的特点及卖点，并在推荐时熟练使用。店老板推荐我们产品的技巧是否成熟？消费者接受程度如何？终端不把我们产品作为主推产品的原因，是利润空间不足还是服务不到位？

终端的推荐率是产品动销最关键的措施，而终端对品牌及产品的认知度是推荐成功的关键。为什么同样一个动销措施，比如品鉴会，在一些人手里是利器，在大多数人手里是鸡肋？笔者曾经遇见这样一个客户，该客户 2018 年 8 月开业，当年销售 10 件，截至 2019 年 8 月，销售超过 100 件，为什么该客户能够取得如此迅速的增长？2019 年起，每次品鉴会该客户老板戴总都能非常熟练地介绍国窖 1573 的核心卖点及文化（地、窖、艺、水、粮、洞、曲），甚至比厂家人员都专业，客户听了感觉非常有趣，对品牌也更了解，后期在沟通买酒事宜时，接受度非常高。

终端拜访率：给咱家送货的经销商叫什么名字？哪家的业务员来得多一点？我们产品的业务员多久来一次？经销商平时会过来看看吗？您记得负责这片的业务员叫什么名字吗？（如果终端都不知道业务员是男是女，要货都不知道订货电话，那说明我们业务员的终端拜访基本是在走形式，甚至是没有拜访）

终端氛围营造：产品陈列的位置、品项、瓶数能达到公司标准吗？氛围营造的形式（门头、推拉贴、门贴、单透、海报、爆炸贴、柜眉、KT 版、促销牌等）是否达到预期的标准及效果？是单个网点不合格，还是普遍现象？

促销执行情况：店主是否能够完整说出促销政策及具体细节？宣传物料是否摆放到位？店老板对于我们产品的促销政策是否排斥？消费者更接受竞品促销政策还是我们产品促销政策？终端对促销政策有何建议及想法？促销政策对于终端动销的作用如何？

促销的赠品及力度是否达到目标群体？促销活动对于价格体系是否有杀伤力？

总的来说，**促销的核心目的无非五点，提升销量、推广品牌、深化客情、消费者沟通、打击竞品**。每一阶段的促销政策目的肯定有所侧重，故在调研市场的过程中可以重点了解某一方面的情况。

终端客情情况：终端各级人员对公司、产品、经销商、业务团队看法如何？终端会主动宣传我们产品吗？终端对我们产品的美誉度、忠诚度能达到预期吗？

专项检核包括但不限于如下内容：

专项检核，即有针对性地检查、核实某一阶段的重点工作或前期工作部署或其他特定事项。

专项检查有时可能会与动销要素的常规性检查有一定重合。常规性检查由经理自己把握，根据市场实际情况而定。

如经销商对于货物的流向管控情况，能否达到公司有滚码、有暗记、有记录的标准？市场秩序是否混乱？

如给终端促销人员的支持是否到达终端？到达终端的促销员能否达到公司标准？

如公司设定的价格体系是否严格按要求执行，保证金的收取及返还是否符合流程及时间节点？返利政策是否合规？是否真正落实到终端处？

其他事项：

包括前面两大核心动作没有包括的内容，如竞品调研、团队管理、合作的广告公司情况等。

竞品调研包括竞品（产品、价格、服务、促销、团队、渠道、消费者沟通等）在市场上的表现，竞品如何对我们产品进行反击的情况，竞品如何管控市场价格物流秩序等。

三、工作会议

市场调研的目的：一是使自己深入一线，了解第一手情况，不与市场脱节；二是为了召开业绩推进会时有案例、有数据，从而制定解决方案，提出具体工作要求。

核心动作我认为有如下几项：

动销要素。针对前期市场调研过程中我们产品在动销要素方面存在的问题与不足，提出具体的工作要求、奖惩情况及整改时间表，针对关键性问题做好培训。同时对于市场中做得好的方面要做好总结归纳，复制推广。

客户库存管理。详细了解客户目前库存，分析期间内各品项库存情况，对超出市场动销速度的新增库存做好卸库谋划。分析客户库存，能够使客户感受到组织的温暖，增强客户对我们产品的信心。而不是和客户一起交流，这个月多少任务没完成，你该进多少货。

工作检核情况。把上一期间与经销商制定的措施落实情况，要求经销商做出反馈，经理根据市场调研情况进行分析与点评，并按照之前制定的标准进行奖惩。通过**“事事有回音、事事有检核”**的工作检核能够让经销商感受到如影随形的压力，认真对待经理安排的工作，双方达成共识的事情必须强力推进，不允许有任何懈怠。

业绩分析及工作安排。对客户的业绩及终端动销情况，深入具体地分析问题原因，让客户从心底佩服认可我们的工作。然后，再对下一阶段的基础工作及重点工作做出安排。值得注意的是，所有工作必须有任务时间表、有对责任人的奖惩。

问题梳理及解决。针对经销商及团队在近期工作中遇见的困难及困惑进行答疑解惑，对可能存在误解或理解偏差的政策问题进行预警及分析。

培训。针对经销商及团队的薄弱项目做好相关培训工作，让客户知道怎么去做事，如何去做事。另外，培训也是增加经理魅力的有效方式。

第四节　业务团队日常管理规范自检表

本评分表主要涵盖基层业务组织基本的团队日常管理规范要求，主要包括行为管理、职能管理、价格管理、绩效管理、会议管理、报表管理等，各区域负责人可以参考表格内容对自己区域的基础管理情况进行评分。

办事处团队管理月度自检评分，如表 1－1 所示。

表 1－1　办事处团队管理月度自检评分表

	检核模块	检核要素	分值	自检得分	得分率	评价等级	备注
办事处团队管理体系	1. 行为管理	时间管理	30				
		考勤管理	100				
		拜访流程	90				
		协同拜访	50				
	小计 1		**270**				
	2. 职能管理	业务部	280				
		综合部	400				
	小计 2		**680**				
	3. 价格管理	暗流价	100				
		消费者团购价	80				
		零售价	50				
	小计 3		**230**				

续表

	检核模块	检核要素	分值	自检得分	得分率	评价等级	备注
办事处团队管理体系	4. 绩效管理	营销人员绩效	130				
		办事处编制管理	30				
		目标分解	90				
	小计 4		**250**				
	5. 会议管理	晨会管理	160				
		周会管理	80				
		月会管理	80				
	小计 5		**320**				
	6. 报表管理	报表管理	270				
	小计 6		**270**				
	合计		**2020**				

说明：

1. **得分率＝自检得分/分值；**

2. **评价等级界定：**得分率≦65%，评价等级为较差（D）；65%＜得分率≦80，评价等级为一般（C）；80%＜得分率≦90，评价等级为良（B）；90%＜得分率，评价等级为优（A）。

一、日常管理表

日常管理，如表 1－2 所示。

表 1－2　日常管理表

检核模块	序号	检核要素	执行标准	备注	分值	得分	评分理由	实际检核人
时间管理	1		办事处当月 90% 以上员工工作日在岗时间不少于 8 小时		10			
	2		冬时令上班时间：上午 9：00—12：00，下午 13：00—18：00（办事处可根据地域情况微调，但总的工作在岗时间不少于 8 小时）		10			
	3		夏时令上班时间：上午 9：00—12：00，下午 15：00—19：00（办事处可根据地域情况微调，但总的工作在岗时间不少于 8 小时）		10			
		小计			**30**			
考勤管理	1		办事处办公地所在区域市场每天由内勤点名，并做考勤记录存档（报岗照片、纸质记录材料等），12 个月内备查		10			
	2		非办事处办公地所在区域市场由区域负责人（或当区区域负责人授权对应人员）点名，并做考勤记录存档（报岗照片、纸质记录材料等），12 个月内备查，同时每天报办事处内勤电子版		10			

续表

检核模块	序号	检核要素	执行标准	备注	分值	得分	评分理由	实际检核人
考勤管理	3		不开晨会的区域市场（如郊县）业务代表每日到达拜访线路的第一个终端后，在对应区域管理群报岗，由办事处内勤记录业代当日报岗终端名称及报岗时间，材料存档12个月内备查		10			
	4		不开晚会的区域市场（如郊县）业务代表每日结束当日拜访工作的最后一个终端后，在对应区域管理群报岗，由办事处内勤记录业代当日报岗终端名称及报岗时间，材料存档12个月内备查		10			
	5		办事处内部所有针对员工的奖惩，均须办事处内部公示并向上级部门报备，并做好台账。奖惩台账及相关文件存档，12个月备查		10			
	6		在公司规章制度下制定办事处内部《××办事处员工日常行为管理规范》，公示并实施。新人入职作为必须培训内容之一，新员工经考核合格后方可上岗		10			
	7		办事处所有员工均须熟知片区《××办事处员工日常行为管理规范》，抽检合格率要达100%		10			
	8		中午休息时间无论业代还是区域负责人，均不允许离开线路，如有需要按改变计划流程报备执行，未经领导批复离开的，视为缺勤		10			

续表

检核模块	序号	检核要素	执行标准	备注	分值	得分	评分理由	实际检核人
考勤管理	9		预定工作计划有变，业务代表须第一时间按改变计划流程报备执行，未经领导批复离开的，视为缺勤		10			
	10		每名业代及区域负责人当周改变计划天数，不得超过 2 天		10			
		小计			**100**			
拜访流程	1		营销人员（业代、主管等）终端拜访十步骤动作完整率不低于 90%		20			
	2		营销人员（业代、主管等）终端拜访十步骤绩效目标达成率不低于 80%		20			
	3		营销人员（业代、主管等）终端拜访十步骤 100% 熟背，并能够熟练流利叙述		10			
	4		营销人员（业代、主管等）终端拜访经销客户/分销商流程到位率不低于 90%		10			
	5		营销人员（业代、主管等）人员终端拜访经销客户/分销商流程 100% 熟背，并能够熟练简述相关内容		10			
	6		营销人员（业代、主管等）每日工作/事宜是否提前做好计划及目标规划，事后是否形成文字总结		20			
		小计			**90**			

续表

检核模块	序号	检核要素	执行标准	备注	分值	得分	评分理由	实际检核人
协同拜访	1		办事处负责人每周不少于 1 天拜访终端（可当月内拉通计算），区域负责人每周不少于 4 天协同拜访		20			
	2		每月月底上交本自检评分表时，关联办事处负责人、区域负责人协访情况表		20			
	3		办事处负责人、区域负责人要在协同拜访过程中跟进费用落地情况、市场建设情况、业代动作执行情况，发现问题并解决问题，并做好相关记录存档工作		10			
		小计			**50**			
总计					270			

二、职能管理表

职能管理，如表 1 – 3 所示。

表 1 – 3　职能管理表

检核模块	序号	检核要素	执行标准	备注	分值	得分	评分理由	实际检核人
业务部	1		督导业代建立、更新（半月/月/季度更新一次）区域终端资料库		20			
	2		组织对目标终端、核心终端的系统开发和精细化维护		10			
	3		协助和指导营销团队提升终端管理级别指标，提升我品对终端的影响力		10			
	4		制定、组织、实施所辖区域促销活动		10			
	5		组织、实施公司制定的统一促销活动		10			
	6		制定、组织、实施公司所辖区域品牌推广活动		10			
	7		实施公司统一促销活动、区域促销活动前，对办事处营销团队进行培训及宣讲，制定办事处促销活动指引		20			
	8		跟进、分析、评估公司/办事处促销活动、品牌推广活动等活动执行效果，并形成文字方案提报公司有关部门		10			

续表

检核模块	序号	检核要素	执行标准	备注	分值	得分	评分理由	实际检核人
业务部	9		规划、开发、维护、管理所辖区域经/分销商网络、团购客户网络		10			
	10		建立、管理经销商进销存制度，提报数据及时准确		20			
	11		管理终端进销存，提报数据及时准确		20			
	12		建立系统的经销客户出入库扫码制度或物流码登记，提报数据及时准确		20			
	13		执行、维护、管理区域市场价格体系，区域批发价、消费者团购价达公司预期目标		20			
	14		制定所辖区域市场销售计划、品牌推广计划		10			
	15		组织、督导营销团队执行公司战略措施，业务动作落地		10			
	16		制定所辖区域市场月度促销计划和运营计划		10			
	17		指导和培训新员工		10			
	18		执行、维护公司团队文化		10			
	19		协助办事处负责人制定并执行所辖区域人员配置规划		10			
	20		制定、跟进、检核区域业代绩效指标及实施情况		10			

续表

检核模块	序号	检核要素	执行标准	备注	分值	得分	评分理由	实际检核人
业务部	21		辅导、监控业代绩效指标达成情况		10			
	22		实施业代绩效考核，提成分配方案及其他激励计划		10			
		小计			**280**			
综合部	1	后勤职员 A	每月审计办事处各项费用投入及执行情况（如发票真实性），电话或者实地追溯费用		30			
	2		办理各类保证金（产品保证金、促销品押金等）手续		10			
	3		管理公司在办事处资产，建立资产管理台账		10			
	4		确认到期费用兑付信息（陈列、广告费等），办理相关手续		10			
	5		开具、收集和审核报销单据		10			
	6		市场费用相关报销材料存档		10			
	7		办理经销商费用确认、核对及相关材料保存		10			
	8		管理办事处箱皮、瓶盖等费用物料		10			
	9		审计或协助审计促销品账务		10			
	10		办事处人员入、离职审计		10			
	11		核算、提报办事处人员薪酬，跟进员工薪酬确认		10			

续表

检核模块	序号	检核要素	执行标准	备注	分值	得分	评分理由	实际检核人
综合部	12	后勤职员 A	协助人力资源部办理员工劳动合同签订，社保、公积金的转移、支取，意外伤害险理赔手续		10			
	13		建立和维护员工绩效档案		10			
	14		办事处公文管理		10			
	15		管理办事处/经销商下发订单		10			
	16	后勤职员 B	到货确认、核对数量及完整度		10			
	17		管理经/分销商进销存台账		10			
	18		管理经/分销商日销售台账		10			
	19		电话/现场抽查并处理经/分销商进销存差异		10			
	20		提供各岗位所需查询区域、终端销量的数据		10			
	21		分析进销存数据并上传有关系统		10			
	22		协助各区域负责人预测办事处周、月度经/分销商各品种订单计划并按规定提报		10			
	23		办理经销商立户、信息变更、合同签定等手续		10			
	24		管理促销品订单		10			
	25		协调办事处内部登记和处理质量酒		10			

续表

检核模块	序号	检核要素	执行标准	备注	分值	得分	评分理由	实际检核人
综合部	26	后勤职员 C	督促营销人员建立终端数据库		10			
	27		及时更新和维护终端数据库		10			
	28		统计和分析终端信息		10			
	29		负责促销品的仓库管理		10			
	30		发放促销品登记等工作		10			
	31		审核促销品使用		10			
	32		反馈促销品质量给公司有关部门		10			
	33		分析办事处促销品使用数据		10			
	34		保管和审核业代绩效报表及绩效记录		10			
	35		电话追溯片区业务人员日常行为		10			
	36		参加例会并做会议记录		10			
	37		记录员工考勤，录入考勤信息，报送《月度考勤表》到人力资源部		10			
	38		提供其他岗位业务数据支持		10			
		小计			**400**			
合计					680			

三、价格管理表

价格管理，如表 1－4 所示。

表 1－4　价格管理表

检核模块	序号	检核要素	执行标准	备注	分值	得分	评分理由	实际检核人
批发价	1	保证金制度	针对核心终端及批发性终端设计保证金制度（随量保证金、固定保证金等），且落地执行		10			
	2	终端进货裸价	终端进货裸价不低于公司要求红线价格，且100%执行到位		10			
	3	暗流价自检	办事处每月抽查不低于 15 家核心终端批发价，并将具体抽查终端及抽查详细情况上报公司有关部门，且相关记录存档半年可查	本月抽查终端原则上与上月抽查终端，重合率不高于40%	30			
	4	数据统计	办事处有主要竞品的批发价格、内部调货价格、窜货价格等统计数据（每星期更新一次）		10			
	5	整改计划	办事处内部制定价格整改处罚机制，且落地执行		20			

续表

检核模块	序号	检核要素	执行标准	备注	分值	得分	评分理由	实际检核人
批发价	6	推进计划	办事处当月有针对价格不到位的区域、终端有具体落地的整改推进计划及推进措施		10			
	7	知晓率	办事处全体成员、核心终端对公司红线价格、指导价格100%熟知		10			
		小计			**100**			
消费者团购价	1	消费者团购价	终端消费者团购价不低于公司指导标准，且价格执行到位率不低于90%		10			
	2	数据统计	办事处有主要竞品的终端消费者团购价、经销客户消费者团购价等统计数据（每周更新一次），且100%相符		10			
	3	消费者团购价自检	办事处每月抽查不低于15家核心终端消费者团购价，并将具体抽查终端及抽查详细情况上报公司有关部门，且相关记录存档半年可查	本月抽查终端原则上与上月抽查终端，重合率不高于40%	30			
	4	整改计划	办事处内部制定价格整改处罚机制，且落地执行		10			
	5	推进计划	办事处当月有针对价格不到位的区域、终端有具体落地的整改推进计划及推进措施		10			
	6	知晓率	办事处全体成员、核心终端对公司消费者团购指导价格100%熟知		10			

续表

检核模块	序号	检核要素	执行标准	备注	分值	得分	评分理由	实际检核人
		小计			**80**			
零售价	1	零售价	公司各品项零售价价格标识展示到位，执行率100%到位		10			
	2	数据统计	办事处有主要竞品的零售价统计数据，且及时更新100%相符		10			
	3	零售价自检	办事处每月抽查不低于15家核心终端零售价，并将具体抽查终端及抽查详细情况上报公司，且追溯记录存档半年可查	本月抽查终端原则上与上月抽查终端，重合率不高于40%	10			
	4	整改计划	办事处内部有针对零售价格偏高/偏低终端的整改计划及措施		10			
	5	知晓率	办事处全体成员、核心终端对公司零售价指导价格100%熟知		10			
		小计			**50**			
合计					230			

四、绩效管理表

绩效管理，如表 1 –5 所示。

表 1 –5　绩效管理表

检核模块	序号	检核要素	执行标准	备注	分值	得分	评分理由	实际检核人
营销人员绩效	1	绩效考核办法	绩效考核办法必须办事处内部公示并报公司人力资源部备案，95% 以上员工必须熟知考核制度内容		10			
	2		自检及抽查最近两个月各区域绩效考核是否按制度实施		10			
	3	绩效考核指标设定	针对办事处营销人员指标权重设置体现当前公司战略方向及办事处推进重点工作		10			
	4		指标设定符合区域实际情况，不能过高，亦不可过低		10			
	5		指标设定应围绕核心工作设定，主要包括销量指标、动销指标、市场终端管理指标、核心网点建设指标、品牌推广指标、终端氛围营造指标等		10			
	6		考核指标月初必须公示，考核人和被考核人必须清楚考核指标及权重		10			

续表

检核模块	序号	检核要素	执行标准	备注	分值	得分	评分理由	实际检核人
营销人员绩效	7	绩效考核实施	有明确的考核分工，绩效数据的管理、绩效指标的追溯		10			
	8		有规范、完备的追溯、核查记录		10			
	9		办事处负责人、区域负责人核定业代绩效考核指标得分		10			
	10		考核得分应在办事处内部公示，并报人资部等部门备案		10			
	11	绩效考核结果应用	严格按公示的提成/奖金分配管理办法核算、发放奖金		10			
	12		年度、季度、月度优秀员工等员工评选项目，按照绩效考核方法中的规定选拔		10			
	13	绩效档案管理	建立办事处营销人员绩效档案（绩效考核表、提成表、绩效面谈记录、员工季度/半年度评估表等）		10			
		小计			**130**			
办事处编制管理	1	定编与实编相符性	办事处/城市是否存在超编现象，是否存在编外人员		10			
	2		办事处/城市实际编制是否和提报片区/城市人员编制数据表一致		10			
	3	组织职位与实际匹配性	办事处/城市实际在职人员编制职位与其岗位是否匹配（是否存在业务岗位做内勤工作的情况）		10			
		小计			**30**			

续表

检核模块	序号	检核要素	执行标准	备注	分值	得分	评分理由	实际检核人
目标分解	1	销量目标分解	每个层级营销人员明确各自当月整体销量目标及分品种销量目标		10			
	2		每个营销人员有明确的销量目标及实现路径分解，并能够支撑当月计划		10			
	3	专项方案目标分解	目标区域负责人有明确的专项方案推进事项及目标分解，且能够支撑整体目标的实现		10			
	4		办事处对目标区域每周专项方案推进进度数据汇总，并每周六发送公司有关部门		10			
	5	重点推进事项分解	目标区域负责人有明确的重点推进事项及目标分解，且能够支撑整体目标的实现		10			
	6		办事处对目标区域每周重点推进事项推进进度数据汇总，并每周六发送公司有关部门		10			
	7	绩效考核	以上三类事项，均在业代及区域负责人等营销人员的绩效考核当中体现		10			
	8		办事处内部有针对以上三类事项的追溯记录，且根据执行及管理要求，体现在绩效考核中		10			
	9		推进数据及绩效考核存档半年可查		10			
		小计			**90**			
合计					**250**			

五、会议管理表

会议管理，如表1－6所示。

表1－6　会议管理表

检核模块	序号	检核要素	执行标准	备注	分值	得分	评分理由	实际检核人
晨会	1	晨会前点名（报岗）	办事处所在地由内勤对业务人员进行点名，非办事处所在地由区域负责人点名，并记录考勤、报岗		10			
	2	晨会口号	在有条件的区域，点名环节结束后，全体员工齐呼团队口号（本项不做硬性要求，仅在有条件的区域开展）		10			
	3	业代汇报昨日工作（数据部分）	业代按规定汇报日报内容及数据		10			
	4	业代汇报昨日工作（重点事项部分）	业务汇报昨日重点工作，遇见问题，须请示领导的相关事宜		20			
	5	业代今日工作规划	业代汇报今日工作线路、重点工作及预计达成绩效目标		20			

续表

检核模块	序号	检核要素	执行标准	备注	分值	得分	评分理由	实际检核人
晨会	6	互动点评	其他业代围绕会议主持人确定的主题及范围，与汇报业代进行沟通，确保点评到单店单点的拜访问题点及建议解决办法		10			
	7	主持人点评（业务动作）	主持人根据业代汇报情况及其他业代点评情况，对汇报业代进行点评和沟通，确保点评到单店单点的拜访问题点及建议解决办法，并根据问题点沟通整改时间及处罚措施		10			
	8	主持人点评（业务行为）	通报昨日查岗、重点事项推进、重点氛围营造等相关业务动作执行情况，并明确责任人及整改时间		10			
	9	会议纪要	晨会会议纪要安排专人整理，且会议期间所有成员，均须做好笔记，并存档半年可查		10			
	10	晨会氛围	记录要包括晨会时间——主持人——晨会流程描述（明确汇报及点评人姓名、明确点评重点及整改事项）——重点跟进事项汇总等内容		20			
	11		晨会氛围积极主动，衡量标准以主动发言或主动点评人数超过 50% 为准		10			
	12	晨会纪律	桌面整洁，业务代表桌上仅有报表夹、笔记本，晨会进行期间无交头接耳、无手机响、无临时填写报表或其他数据报表等现象		10			
	13	离开时间	晨会结束后 30 分钟内业代离开办事处（领用促销品时间包含在内）		10			

续表

检核模块	序号	检核要素	执行标准	备注	分值	得分	评分理由	实际检核人
		小计			**160**			
周会	1	人员固化	周会由办事处负责人、区域负责人等相关决策人员参加或全员参加		10			
	2	会议纪要	办事处安排专人记录会议纪要，明确参会人员、沟通事项及结果，并在会议结束两日内报公司有关部门，相关纸制材料存档半年可查		20			
	3	片区数据通报工作	办事处安排专人汇总当周市场重点建设数据、重点事项推进数据、消费者建设数据、销售达成数据、费用投入数据等数据，会上进行公示通报		10			
	4	绩效回顾	周会必须回顾当周各个二级区域（各城市、各区域、各小组等独立作战单元）绩效考核指标推进进度、问题点及整改计划及前期整改计划推进情况		10			
	5	重点工作	周会必须回顾当周各个二级区域（各城市、各区域、各小组等独立作战单元）重点指标推进进度、问题点及整改计划情况		10			
	6	下周重点工作部署	办事处负责人根据各个二级区域（各城市、各区域、各小组等独立作战单元）推进情况、下阶段目标等要素，对下周进行工作部署、路径指导及相关的奖惩措施		20			

续表

检核模块	序号	检核要素	执行标准	备注	分值	得分	评分理由	实际检核人
		小计			**80**			
月会	1	人员固化	月会由办事处负责人、区域负责人等相关决策人员参加或全员参加		10			
	2	会议纪要	办事处安排专人记录会议纪要，明确参会人员、沟通事项及结果，并在会议结束（不含会议当日）两日内报公司有关部门，相关纸制材料存档半年可查		20			
	3	办事处数据通报工作	办事处安排专人汇总当月市场重点建设数据、重点事项推进数据、消费者建设数据、销售达成数据、费用投入数据等进行公示通报		10			
	4	绩效回顾	月会必须回顾当周各个二级区域（各城市、各区域、各小组等独立作战单元）绩效考核指标推进进度、问题点及整改计划及前期整改计划推进情况		10			
	5	重点工作	月会必须回顾当月各个二级区域（各城市、各区域、各小组等独立作战单元）重点指标推进进度、问题点及整改计划情况		10			
	6	下月重点工作部署	办事处负责人根据各个二级区域（各城市、各区域、各小组等独立作战单元）推进情况、下阶段目标等要素，对下月进行工作部署、路径指导及相关的奖惩措施		10			

续表

检核模块	序号	检核要素	执行标准	备注	分值	得分	评分理由	实际检核人
月会	7	下月方案沟通	每月最后一次周会前，各个二级区域负责人必须提报下月营销计划至办事处负责人		10			
		小计			**80**			
合计					**320**			

第五节　终端团队管理参考表格工具

一、终端客户拜访日报表（单店式）

终端客户拜访日报表（单店式），如表1－7所示。

表1－7　终端客户拜访日报表（单店式）

<table>
<tr><td colspan="15">终端客户拜访日报表</td></tr>
<tr><td>区域</td><td></td><td>销售代表</td><td></td><td>上次拜访时间</td><td colspan="4">年　月　日星期</td><td>本次拜访时间</td><td colspan="5">年　月　日星期</td></tr>
<tr><td colspan="2">客户名称：</td><td colspan="5">客户地址：</td><td colspan="4">老板姓名：</td><td colspan="4">联系方式：</td></tr>
<tr><td>进店时间</td><td></td><td>离店时间</td><td></td><td colspan="11"></td></tr>
<tr><td colspan="15">我品情况</td></tr>
<tr><td colspan="2">陈列情况</td><td colspan="4">价格执行（元/瓶）</td><td colspan="3">客户库存数（箱）</td><td colspan="3">本月送货数量（箱）</td><td colspan="3">本月动销情况（箱）</td></tr>
<tr><td>位置（第几排第几列）</td><td>瓶数</td><td>标价</td><td>团购价</td><td>零售价</td><td>批发价</td><td>A产品</td><td>B产品</td><td>其他</td><td>A产品</td><td>B产品</td><td>其他</td><td>A产品</td><td>B产品</td><td>其他</td></tr>
<tr><td></td><td></td><td></td><td></td><td></td><td></td><td></td><td></td><td></td><td></td><td></td><td></td><td></td><td></td><td></td></tr>
</table>

续表

<table>
<tr><td colspan="15">A 品牌情况</td></tr>
<tr><td colspan="2">陈列情况</td><td colspan="4">价格执行（元/瓶）</td><td colspan="3">客户库存数（箱）</td><td colspan="3">本月送货数量（箱）</td><td colspan="3">本月动销情况（箱）</td></tr>
<tr><td>位置（第几排第几列）</td><td>瓶数</td><td>标价</td><td>团购价</td><td>零售价</td><td>接货价</td><td>C 产品</td><td>D 产品</td><td>其他</td><td>C 产品</td><td>D 产品</td><td>其他</td><td>C 产品</td><td>D 产品</td><td>其他</td></tr>
<tr><td></td><td></td><td></td><td></td><td></td><td></td><td></td><td></td><td></td><td></td><td></td><td></td><td></td><td></td><td></td></tr>
<tr><td colspan="15">B 品牌情况</td></tr>
<tr><td colspan="2">陈列情况</td><td colspan="4">价格执行（元/瓶）</td><td colspan="3">客户库存数（箱）</td><td colspan="3">本月送货数量（箱）</td><td colspan="3">本月动销情况（箱）</td></tr>
<tr><td>位置（第几排第几列）</td><td>瓶数</td><td>标价</td><td>团购价</td><td>零售价</td><td>接货价</td><td>E 产品</td><td>F 产品</td><td>其他</td><td>E 产品</td><td>F 产品</td><td>其他</td><td>E 产品</td><td>F 产品</td><td>其他</td></tr>
<tr><td></td><td></td><td></td><td></td><td></td><td></td><td></td><td></td><td></td><td></td><td></td><td></td><td></td><td></td><td></td></tr>
<tr><td rowspan="3">竞品信息</td><td>A 品牌</td><td colspan="13"></td></tr>
<tr><td>B 品牌</td><td colspan="13"></td></tr>
<tr><td>其他品牌</td><td colspan="13"></td></tr>
<tr><td colspan="2">遗留问题</td><td colspan="13"></td></tr>
<tr><td colspan="2">老板建议及意见</td><td colspan="13"></td></tr>
<tr><td colspan="2">信息反馈</td><td colspan="13"></td></tr>
<tr><td colspan="5">终端签字：</td><td colspan="5">业务签字：</td><td colspan="5">主管签字：</td></tr>
</table>

二、终端客户拜访日报表（汇总式）

终端客户拜访日报表（汇总式），如表1－8所示。

表1－8　终端客户拜访日报表（汇总式）

终端客户拜访日报表														
区域			销售代表				年　月　日　星期							
序号	客户名称	客户地址	拜访目标	拜访时间记录		客户库存数（箱）			本月送货数量（箱）			本月动销情况（箱）			目标达成情况及店内说明
				到达	离开	A 产品	B 产品	其他	A 产品	B 产品	其他	A 产品	B 产品	其他	
1															
2															
3															
4															
5															
6															
7															

续表

业务代表终端客户拜访日报表															
区域			销售代表			年　月　日　星期									
序号	客户名称	客户地址	拜访目标	拜访时间记录		客户库存数（箱）			本月送货数量（箱）			本月动销情况（箱）			目标达成情况及店内说明
				到达	离开	A 产品	B 产品	其他	A 产品	B 产品	其他	A 产品	B 产品	其他	
8															
9															
计划拜访客户　家，实际拜访客户　家，实际订货客户　家，累计销售　件															备注：
今日小结												明日计划			
信息反馈												主管签阅			

三、区域市场周会计划表

区域市场周会计划，如表 1－9 所示。

表 1－9　区域市场周会计划表

<table>
<tr><th colspan="4">区域市场周会计划表</th></tr>
<tr><td>会议时间</td><td></td><td>会议地点</td><td></td></tr>
<tr><td>主持人</td><td></td><td>记录人</td><td></td></tr>
<tr><td>参会人员</td><td colspan="3"></td></tr>
<tr><td>会议地址</td><td colspan="3"></td></tr>
<tr><td>会议录音、资料保管人</td><td colspan="3"></td></tr>
<tr><td colspan="4">会议议程及计划内容</td></tr>
<tr><td colspan="4">主要对周会所进行的会议议程及计划开会的内容进行描述，包括但不限于以下内容：
1. 各人员汇报本周各项工作开展情况及下周工作计划（所有汇报人员均须形成书面材料）
2. 目前市场基本情况：网点开发、消费者培育、客户及终端库存、动销等
3. 各人员反馈竞品动态、相关市场问题及建议应对措施
4. 对应上级主管对下属工作汇报进行逐一点评
5. 区域负责人对本周工作进行点评和总结，指出不足，并对下周工作做出安排及指导，形成工作交办单
6. 区域负责人对反馈的问题组织讨论并提出解决方案，共性问题提出制度性文件
7. 区域负责人对公司下发的相关文件、政策及方案等进行培训，并对之前培训过的内容进行检查、考核
8. 对全体员工进行产品、业务及营销技能等相关业务培训（培训师可由区域负责人、主管、优秀业务人员担任，原则上不低于每月两次）
9. 其他工作安排
10. 对本次会议内容人员理解情况进行抽查、检核，不合格人员会后深入学习</td></tr>
</table>

第二章

如何招募白酒经销商

第一节　如何提升招商成功率

很多人说区域市场运作的好坏主要看厂家实力、质量、品牌、价格、广告等因素，其实这是在自己忽悠自己。当然上面说的因素也很重要，但是区域市场运作好坏最关键的因素却是经销商，没有之一，正所谓“无商一身病，好商治百病”。经销商的理念、思路、网络等因素才真正决定了区域市场运作好坏及品牌在当地能走多远。一个一流的经销商能把三流品牌做成一流的市场占有率，而三流的经销商只会把一流的品牌做成半生不熟的结局。

区域负责人管理空白市场面临的首要任务便是招商，在成熟市场也会面临新增客户及调整客户的情况。客户选择一个产品，最主要的还是产品的品牌、定位、公司运作等方面能够达到其预期，然后才是招商人员的沟通说服能力。

本文主要从可控的维度，即营销人员自身可以通过努力能够提升的地方，来说明如何提升招商成功率。总结概括为四个精通。

一、精通自己

招商如同恋爱结婚，先精通自己，搞清楚自己的卖点，把自己最有魅力的一面恰到好处地展示出来，才能尽可能吸引对方注意，从而喜结连理，白头到老。

1. 精通公司历史、现状及未来

（1）企业的历史： 企业什么时间成立，经过了哪几个主要发展阶段，历史上有什么重要人物及故事，获得过哪些有象征意义的奖项等。

（2）企业的现状： 公司现有资产多少，组织架构如何，有多少员工、多少厂房、多大规模，有几大品牌系列及价格体系，样板市场在哪里、销量多少，在哪些地方做有何种类型的广告等。

（3）企业的未来： 企业核心竞争力是什么，核心战略、各市场规划及定位、企业发展目标及远景、各产品各品牌未来发展方向及规划等。

2. 精通公司产品

（1）品牌定位、产品线设置情况及其核心卖点、广告语。

（2）各品牌、各产品的规格、价格体系、渠道利润空间。

（3）我们产品与竞品的区别及优劣势（注意要学会扬长避短）。

（4）产品品质及品牌背书。

3. 精通公司营销策略

（1）品牌及产品策略： 主导品牌及产品，辅助品牌及产品，策略品牌及产品，各品牌定位及发展规划的特点、优势。

（2）市场策略： 厂方主导的 1 + 1 模式还是以经销商运作为主、公司指导为辅的模式，终端建设与费用投入模式，通路构建、发展及完善计划，运作的模式、阶段及力度选择。

（3）传播策略： 广告投入条件、形式及频次，高空轰炸与地面推进如何结合，如何对竞品品牌进行拦截。

（4）**组织策略：**区域组织架构、人员配置、人员绩效考核、人员目标、人员职责。

4. 精通公司招商政策

（1）**公司费用投入模式及管控方式：**年度、季度、月度预算如何确定及管控方法，费用投入整体思想及各项目投入费用比例。

这些必须做到心中有数，但具体谈的时候不可全盘托出，不过也不可以不说，点到为止即可。毕竟很多客户也许并没有真心想接你产品的意思，就是想了解一下其他厂方的政策而已。

（2）**费用投入项目、具体管控及核销方式：**比较常见的有陈列费、人员工资、保量返利、宣传物料、买赠、渠道促销、消费者促销、高空广告、地面广告、促销品、开箱费、箱皮费、客情费等。具体管控模式不要说得太复杂，能简化说的尽量简化说。

（3）**市场管控：**保证金制（品牌保证金、产品保证金等）、货物物流码管控措施、跨区域销售查处及处罚措施、库存管理制度。

（4）**奖励政策：**月度、季度、年度达量奖励，关键行为奖励。

（5）**渠道操作策略：**如何启动市场？成长期如何快速成长？成熟期如何确保价格体系、提升销量？促销有几种方式，如何做？

渠道操作最能引起经销商兴趣，也是最能体现招商经理水平的地方。

二、精通目标客户

1. 基本资料

经销商姓名、性别、地址、手机；经销商性质：合伙还是独资、家族制还是公司制。

2. 实力概况

渠道资源及掌控力（网络）、团队管理及机制（团队）、资金状况及来源（资金）、仓储及配送能力（车辆）、商业信誉及人脉（思路、理念）。

3. 经营情况

公司经营年限；年销售总收入、利润及销量分布月份；销售品种及利润率情况；经销商由何种产品起家？现阶段主要操作哪类产品（饮料、水、白酒）？各品种价位、操作模式、现状及其对现状的态度？客户对操作公司目标产品有何期待及要求？

4. 团队管理情况

行政及销售人员配比；人员工资水平在所处区域的位置；有无专/兼职促销人员；有无职业经理人；团队执行绩效考核制还是简单的提成制。

5. 经营模式

主要销售区域及渠道；直销、分销的品种、区域及人员配置；有无二批商及其所起的作用。

对于目标经销商，一定要找当地的同行做深入了解，多方面求证经销商各方面资质。很多经销商为了合作成功，会暂时将自己的真实想法包裹起来。

三、精通市场

1. 行业及区域整体情况

目前各香型主产区、品牌及销量分布；行业发展趋势及竞争格局；我们公司在行业中的影响力及位置；我们产品在该市场的发展规划。

2. 市场整体情况

区域市场的主流产品、主流价位及对应容量（所有饮品都是竞品，都是我们抢销量的地方）；区域饮品总容量及结构分布特点；区域市场面积、人口、科技、GDP、消费特点等情况。

3. 竞品情况

竞品经营年限、品牌地位、销售情况、渠道结构及通路利润；竞品营销模式（厂家主导还是经销商主导）、合作模式、投入模式及内部管理情况；竞品各产品价格体系设置及市场实际表现；合作伙伴、终端、消费者对竞品的态度。

4. 渠道情况

各渠道所处的市场地位、合作风气及惯例（如货到付款还是赊销）；各渠道数量、主销品种、合作模式（排他还是混场）、合作价格及结算方式。

5. 消费者情况

消费者对于产品的包装、口感、宣传方式有无特定的习惯或偏好，比如很多地方对白色和黑色就比较忌讳；消费者对于媒体传播的偏向（易受高大上广告影响还是消费比较理性）；消费者的购买行为及购买方式。

四、精通营销

经销商做我们产品的最重要因素只有一个，那就是赚钱。如何赚钱？只有通过营销卖出产品赚钱。前面说的三个精通只是为了日后签约合作的一个铺垫，真正考验招商经理水平的便是精通营销这一模块。

1. SWOT 分析指明未来赢利方向

第一步，没有调查便没有发言权，通过实地调研获取市场第一手数据，通过学习成功品牌，找到市场规律；第二步，运作 SWOT 分析工具，得出自身的优势、劣势、威胁与机会，找到我们产品进入市场的机会点、困难点、突破点；第三步，远景描绘，通过前面的数据与分析，给目标客户描绘财富梦想，激发其渴望。

2. 动销规律

成功的产品都是类似的，失败的产品各有各的失败原因。产品从动销到畅销、到脱销，最基本的工作是动销 6 要素。铺货率，即目标网点的进店率，进店率越高，则意味着消费者接触我们产品的机会越多。什么叫目标网点？即当地有影响力的店、老店、形象店、客流量大的店。记住，在杂货铺卖国窖 1573，哪怕你占领了全国的杂货铺，也很难卖出去几瓶，所以找准对象很重要。

推荐率，即终端老板对我们产品的推荐频次、态度，是唯一推荐、第一推荐还是不推荐，老板的态度在产品导入初期及后续的产品成长期都是至关重要的。产品导入期重推力，成长期重拉力，成熟期要推拉力结合。市场上首推率的终端数量决定了区域市场的发展质量及发展后劲。

拜访率不仅仅指的是拜访频次，更重要的是拜访的效果。拜访终端不能流于形式，为了拜访而拜访，现在很多企业的业务员已经把终端拜访渐渐变成了拍照片的“艺术”。**终端拜访一定是有意识、有目的、有计划的。大体来讲，终端拜访要解决四个问题：发现什么问题、解决什么问题、完善什么过程、推进什么结果。**

氛围度，即营造热销氛围，怎么营造？就是看我们的品牌元素是不是全部到位了。品牌元素包括但不限于：门头、海报、单透、推拉贴、柜眉、包柱、吊旗、陈列、爆炸贴、KT 板、价格签等。营销无非就是两件事情：第一，把产品铺到消费者心里；第二，把产品铺到消费者面前，氛围度考核的便是第二项。

促销度，即促销的力度。促销力度不能体现在价格上，那是搬起石头砸自己的脚，促销要多做消费者促销，弱化渠道促销；多做价格不透明的柔性促销，少做硬性促销。

客情度，即客情关系的好坏。客情不是拜访得越多越好，不是一天做五次客情就好了，当然拜访次数也很重要，但客情的建立要讲究方式技巧。总的来讲，就是每次去都要给对方带来一定好处，要么是精神上的，要么是物质上的。

3. 营销的理论知识

营销的4P营销理论、4C营销理论、4R营销理论、消费者购买的心理学依据等专业的、看起来高大上的东西，不需要精通成专家，但是基本的概念要能信手拈来，这样客户就算因为各种原因没有与我们公司合作，也会被我们气场震撼，愿意与我们成为朋友，自然日后寻找客户会方便很多。

4P**营销理论，即产品**（Product）**、价格**（Price）**、渠道**（Place）**、宣传**（Promotion）。

4C**营销理论，即消费者**（Customer）**、成本**（Cost）**、便利**（Convenience）**、沟通**（Communication）。

4R**营销理论，即关联**（Relevancy）**、反应**（Reaction）**、关系**（Relationship）**、报酬**（Reward）。

以上讲的四个精通，即精通自己、精通客户、精通市场、精通营销，其实都是技巧方法的层面，**然而招商数量的多少、质量的好坏最终抵不过一个字——勤。勤跑、勤思、勤学、勤问、勤汇报才是成功的先决条件。没有勤奋，一切技巧都白搭。**

说到底，**招商无非就是一种概率，洽谈的目标客户越多，成功的可能性越大**。一千个人眼中有一千个哈姆雷特，也许你的品牌很强，投入很大；也许你的专业水平很高，说服技巧很强，可是对方就是不感冒，这种情况在招商过程中是经常遇见的。这时候需要招商经理调整好心态，用左手温暖右手，收拾好心情，每天都以百米冲刺的状态往前冲！

看完上面的内容，各位读者一定头晕了吧。具体招商的过程中其实没那么复杂，也没必要按照上面的内容一二三四五地去沟通，但上面的内容一定要心里有数。

本文给大家梳理出了一个需要进行招商前准备的框架（其实也是一个培训框架），这样与见多识广的客户沟通时才会有底气，从而大大增强客户的信任度，提高成交概率。

正所谓100%把握的事情，做好200%的准备，才能万无一失。

附意向经销商评估工具，如表2－1所示。

表2－1　意向经销商评估工具表

评估维度	序号	评估项目	分值	得分	备注说明
合作意愿	1	是否有继续创业心态？是否积极进取？	5		
	2	是否非常看重与我们品牌的合作？	5		
	3	是否在经营战略上与我们品牌高度一致？	5		
	4	是否将我们品牌作为其核心品牌运作？	5		
	5	给我们品牌的资源投入是否充分？	5		
代理品牌	6	已代理的品牌数量（越多，分值越低）	5		
	7	已代理的品牌质量（越正规，分值越高）	5		
	8	已代理品牌的定位、价格体系、运作是否与我们品牌冲突？	5		
渠道网络	9	是否经常发生窜货行为？（越多，分值越低）	5		
	10	下级渠道网络是否与我们品牌要求匹配？	5		
	11	社会关系是否满足我们品牌需求？	5		
	12	对下级渠道网络的掌控能力如何？	5		
硬件实力	13	流动资金是否满足我们品牌需求？	5		
	14	业务人员数量和素质是否满足我们品牌需求？	5		
	15	仓库条件是否满足我们品牌需求？	5		
	16	配送车辆是否满足我们品牌需求？	5		
	17	后台管理及支撑是否满足我们品牌需求？	5		

续表

评估维度	序号	评估项目	分值	得分	备注说明
管理水平	18	是否诚信经营？是否有违法违规行为？	5		
	19	决策人是否清晰？决策流程是否明确？	5		
	20	管理水平是否满足我们品牌需求？	5		
合计			100		

第二节　经销商选品五力模型

在前面，我给大家讲了招商之前需要储备的基本知识点，在实际招商过程中，客户是不会有那么多时间和精力听我们一一道来的，很多时候我们只有 10 分钟时间，所以我们需要简明扼要地引起对方兴趣，至少使对方被我们的专业素养震撼。

经销商最喜欢听什么事？能够使自己赚钱的事。经销商怎么才能赚到大钱？靠产品，靠好产品，产品是一切营销之本。故我们这一章讲经销商最关注的问题——“如何选中超级单品”。

快消品经销商是中国商业阶层里面最苦的代表之一，有个共同的名称叫老板。起得比鸡早（装货、开晨会），睡得比别人晚（愁销路、愁回款），做得比牛多（装货卸货、记账、讨账，忙得片刻不停），赚的却是刀片上的利润，还时不时因为各种问题被厂家扣点费用。其实经销商苦也不怕，真正怕的是腰包没有鼓起来。经销商要想做大做强，自己努力当然很重要，关键还是自己所依附的产品及产品后面的平台是否顺应大势，与自身发展是否匹配。经销商能否快乐赚钱，选品很重要，那么快消品经销商如何从眼花缭乱的产品中押中国窖 1573、洋河蓝色经典之类的大单品呢？

“风起于青萍之末”，大单品兴起之前往往具有一定的特征，笔者根据多年的市场经验及市场大单品的特征提出了经销商选品的五力模型，即产品力、品牌力、渠道力、组织力、文化力。

一、产品力

产品是一切营销的根本，好的产品便是最好的广告。现在消费者需要的是能够给他们带来好处、带来满足感的产品。其实消费者不怕花钱，关键是我们的产品要能够给消费者消费的理由。

那么，消费者愿意出高价消费的好产品本身具有哪些特点？一是必须有独特卖点（独特卖点便是产品本身的属性或独特的概念，比如王老吉凉茶驱火的属性）；二是必须满足消费者的某一情感需求（买这个产品是能有面子，是能够体现自己的孝心，还是可以证明自己时尚有品位），如某知名保健品品牌打的广告“今年过节不收礼，收礼还收×××”。

二、品牌力

品牌力是产品品质的背书，是产品的血统，消费者往往愿意为信得过的品牌多付出真金白银作为溢价。那么，能够从产品大战中浴血而出的快消品品牌、白酒品牌一般有哪些特征呢？

第一，这个产品往往是最开始做市场的前三名。虽然产品一旦开始流行便会有众多跟风者，市场便会呈现诸侯混战、百家争鸣的状态，但是最终的结果往往是最先做的那几个品牌成为品类领导者。娃哈哈不可谓实力不雄厚，渠道掌控力中国名列前茅，然而其出品的众多跟随产品，有几个成了大单品呢？

第二，该产品是公司的拳头产品。最好是公司的独子，龙生九子类的公司往往没有发力点，也不会全力打造所有产品，资源投入上必然有所侧重，经销商押对了还好，押不对便会被忽视，这种情况在大厂大品牌最多见，所以经销商选品牌时迷信的大厂大品牌，很多时候会是个甜蜜的陷阱。

第三，该品牌的投入是否有规划。关键是公司从战略上在区域市场要有步骤有想法，知道自己正在干什么，今天要怎么干，明天规划做到什么程度。那些一上来便跟你说全城投广告的公司，要么是真的不懂市场，要么就是根本没打算去兑现承诺。

三、渠道力

渠道力是厂家自己或指导经销商做渠道深耕的能力。经销商在选品之前一定要向厂方了解清楚公司在动销 6 要素上的规划及投入，即铺货率、推荐率、拜访率、氛围度、促销度、客情度。铺货率即产品在目标网点的面市情况，公司给予铺货什么政策、何种支持。推荐率即终端对我们产品的推荐情况，公司调动终端积极性会采取哪些措施。拜访率即业务人员对终端的拜访频率及质量，公司对这部分有没有独特的管理招数。氛围度即产品热销氛围营造，公司提供什么物料、陈列一般怎么做怎么投入。促销度即促销的模式及力度，公司一般做何种促销、如何核销。客情度即与终端的关系好坏。而执行力便是确保以上措施有效的根本。

四、组织力

组织力即所选品牌公司的组织架构及费用核销等流程。公司是厂方和经销商一起做市场的 1 +1 模式，还是费用打包的裸价模式，这很关键。纵观市场上做大的单品，多是厂方和经销商一起做市场的 1 +1 模式，没有几个利润差价高到离谱的贴牌产品做大的（有特殊资源的除外）。很多经销商都希望厂家把费用折合成价格直接低价供货，这样看似什么都没做，利润一下就翻了一两倍，殊不知这是选品的最大陷阱，因为这种产品往往是一锤子买卖，做这种产品的厂家是很难做大的；做这种产品的经销商往往做到最后也只能勉强够温饱，最终退出市场。洋河酒厂 2002 年开始采取 1 +1 模式运作蓝色经典品牌，使当时濒临破产的小厂，在短短十余年时间里成为年销售额近300亿元的巨无霸酒企，而这样的例子在快消界不胜枚举，可见1+1模式的威力。

另一个特别需要关注的是公司的费用申请、实施、核销流程，一定要搞清楚。一般而言，管控严格而非苛刻的公司是真正讲信用、真正长远做市场的公司。那些费用管控松散，核销时却闪烁其词的公司，很多时候都是口惠而实不至，先给大家画个饼，真正合作后那就只能失望了。

另外，公司对于业务经理的绩效考核方式也是非常关键的。不要认为厂家经理绩效考核与经销商没有关系，公司考核什么，业务经理便去做什么。如果厂家考核业务经理每月回款数，那么业务经理便会每月威逼利诱你进货；如果公司考核业务经理每月实际出货数量，那么业务经理便会天天下市场绞尽脑汁想办法帮你出货。

五、文化力

文化力即所选品牌公司内部的风气。是华为式的狼性文化，还是不求有功但求无过的自保氛围，这点直接决定了企业的投入模式及方向，也决定了区域负责人做市场的风格。

另外，公司内部的管理水平也很重要，尤其是对腐败的查处程度。如果公司对市场上的“吃拿卡要”行为熟视无睹，区域负责人便会把职责变成特权，不给好处便不给办事，短期看可以通过给好处套点费用出来；从长远来看，有几个经销商是靠套费用做大做强的呢？对于业务腐败问题视而不见的厂方，对经销商的利益自然不会考虑太多，是不会在厂方与经销商利益之间寻求平衡的。

总之，经销商按照五力模型（产品力、品牌力、渠道力、组织力、文化力）来选品，选准了便坚持下去，赚钱只是时间问题。**在**

对方的方向上努力及坚持，时间是赚钱的函数。

作为招商经理，在与意向客户洽谈的过程中，把自己企业的优势结合上面五个方面有重点地来谈，把这五力有逻辑地系统表达出来，相信经销商会很快被你吸引住。

第三章

区域市场建设与增长模型

第一节 中高端白酒终端建设七项基本要求

“只要方向对了，便不怕路远”，中高端白酒终端建设工作七项基本要求，即活跃网点、品牌传播、客情维护、氛围营造、事件营销、市场秩序、样板建设，是企业所有渠道工作的出发点及落脚点，企业所有的策略及营销举措无非是将上述七项基本要求不断地落地及深化。

一、第一项，活跃网点

没有网点数量，其他的一切渠道建设动作都会失去立足点。活跃网点数量，是对网点开发及覆盖率的更高一级要求，是区域渠道建设工作最基本、最基础、最重要的体现，无论市场处于怎样的发展时期及阶段，活跃网点数量都将是渠道建设的根本。活跃网点数量既是渠道建设工作过程，也是渠道建设工作结果的直接呈现。理想状态是所有目标网点都能够实现品牌与消费者见面，让消费者看得到、买得到。所以，企业一定要将活跃网点数量作为每月绩效考核的核心项目之一，**注意是活跃网点数量，而不是网点数量**。

活跃网点，我们定义为每个月或一定时间段均有正常动销、进货的网点。

1. 基本要求

（1）品牌具备一定知名度且匹配一定的投入力度，网点开发不是难事，所以网点的开发是基础但不是核心重点，重点是网点开发之后能够存活下来，并成为活跃网点。**活跃网点的核心判断标准在于“匹配”，即与品牌发展理念匹配，与品牌发展阶段投入匹配，与品牌的运作要求匹配。**所以要根据双方匹配程度对区域内所有终端进行筛选，根据所推广产品的品项性质及特点筛选出有动销潜力的网点进行针对性的投入及开发，“开发一个，存活一个，发展一个”。

（2）“产品品牌化，品牌系列化”，产品覆盖要打好组合拳，遵循公司产品战略及定位，紧紧围绕核心单品进行针对性开发，聚焦打造，实现对目标网点的全覆盖。

（3）宴会是引导产品流行的重要手段，也是实现销量的重要举措。中高端白酒要高度重视宴会渠道的重要性，在品牌氛围达到一定程度（产品刚导入市场，不要盲目大面积开展，否则很容易出现投入巨大却收效甚微的情况，更严重的可能会破坏掉价格体系，直接缩短了产品生命周期），大力度运作宴会型酒店、特色型酒店。虽然宴会用酒消费者也是以自带为主，但酒店却是所有宴会信息的聚集地及消费的核心场所。有条件的公司及区域要将宴会酒店作为一个单独渠道来运作。

（4）**要对区域内的所有目标终端建档（能将这项工作做好的酒企，可能不超过10家）**，表格有《网点基础信息档案表》《终端进销存统计表》《核心终端资料卡》等，如表3－1、表3－2、表3－3所示。档案数据按时更新（最长不超过一个季度，管理条件具备的，最好每月更新一次），同时根据公司渠道要求及终端特点进行分级管理，形成周期性的拜访及服务，“一店一策”制定针对性的投入及动销措施。

表 3－1　网点基础信息档案表

终端信息														中高端酒水信息										门店情况						终端老板信息										其他备注
															我品			竞品 A			竞品 B			门店情况						老板个人信息										
序号	分公司／办事处	城市	区（县）	供货经营客户名称	负责业务员	终端名称	终端老板姓名	终端老板性质（老板／经理人）	终端老板手机号	终端固定电话	终端详细地址	终端分级	渠道类型	中高端产品年销量（单瓶××元以上）	陈列面	库存（件）	年规划销量（件）	陈列面	库存（件）	年规划销量（件）	陈列面	库存（件）	年规划销量（件）	门店面积	门头品牌元素	结账周期	开业时间	资金实力	其他信息	籍贯	工作及经商经历	业余爱好	特长	生日（公历还是农历）	是否二婚	配偶情况	子女情况	酒量情况	其他信息	

表 3-2 终端进销存统计表

序号	分公司/办事处	市	区/县	主管	业务员	终端名称	去年累计销量（箱）	今年是否包量	包量任务签订或目标任务（箱）	××年进销存情况			备注	××年度进销存情况									备注	终端地址	终端老板	联系电话
														1月			2月			以此类推						
										累计进货	累计动销	当前库存		进货	动销	月末库存	进货	动销	月末库存	进货	动销	月末库存				

表 3－3　核心终端资料卡

<table>
<tr><td colspan="11">核心终端资料卡</td></tr>
<tr><td rowspan="9">基础信息</td><td>终端名称</td><td></td><td>营业执照全称</td><td colspan="2"></td><td>店招名称</td><td colspan="2"></td><td>店招品牌元素</td><td></td></tr>
<tr><td>地址</td><td></td><td>营业面积</td><td></td><td rowspan="5">纪念日/生日</td><td rowspan="2">老板</td><td rowspan="2"></td><td rowspan="2"></td><td rowspan="2">我品供货商全称</td><td rowspan="2"></td></tr>
<tr><td rowspan="2">老板/负责人姓名</td><td rowspan="2"></td><td rowspan="2">联系方式</td><td rowspan="2"></td></tr>
<tr><td>配偶</td><td></td><td></td><td>开业纪念日</td><td></td></tr>
<tr><td rowspan="2">老板籍贯</td><td rowspan="2"></td><td rowspan="2">老板爱好</td><td rowspan="2"></td><td>子女</td><td></td><td></td><td>经营年限</td><td></td></tr>
<tr><td>子女</td><td></td><td></td><td>中高端酒年销量（单瓶×××元以上价位）</td><td></td></tr>
<tr><td>老板特长</td><td></td><td>性格</td><td colspan="2"></td><td>酒量</td><td colspan="2"></td><td>饮酒偏好</td><td></td></tr>
<tr><td>是否二婚</td><td></td><td>其他</td><td colspan="2"></td><td>其他</td><td colspan="2"></td><td>其他</td><td></td></tr>
<tr><td>老板擅长聊天话题（喜欢谈论话题）</td><td colspan="8"></td><td></td></tr>
</table>

续表

<table>
<tr><td rowspan="6">基础信息</td><td>终端类型</td><td>零售（ ）</td><td colspan="2">批发（ ）</td><td colspan="2">团购（ ）</td><td>注：此项为选择，在对应（ ）内打“√”选择</td></tr>
<tr><td>结账习惯及周期</td><td></td><td colspan="2">资金实力</td><td colspan="2"></td><td>注：该终端有无欠账历史，有无不良信用记录</td></tr>
<tr><td>老板工作及经商经历</td><td colspan="5"></td><td>注：老板以前做什么工作，经商有什么历史故事</td></tr>
<tr><td>老板社会资源</td><td colspan="5"></td><td>注：老板有无行政机关或大型企业关系，团购单位的来源如何</td></tr>
<tr><td>经营场所性质</td><td>自有（ ）</td><td>租赁（ ）</td><td></td><td>房租合同期限</td><td></td><td>注：此项为选择终端经营场所的性质。若为租赁，则填写年租金及合同租赁期限</td></tr>
<tr><td>店铺周边商业环境</td><td colspan="2"></td><td>店铺周边直接竞争门店</td><td colspan="2"></td><td></td></tr>
</table>

续表

基础信息	与哪些终端有矛盾或过节及相关原因										
	许可证重要信息						年销量情况				
	与其他竞品合作情况										注：该终端是否为竞品核心门店，是否与竞品签包量协议等
	与其他竞品合作情况										注：该终端是否为竞品核心门店，是否与竞品签包量协议等
经营信息	店内主要销售指标		我公司产品分析				主要竞品分析				
	店内产品年销量（元）		产品名	消费者团购价（元）	年销量预估（件）	产品名	度数	进价	标价	成交价	年销量预估（件）
	主销产品					A 产品					
	主销产品					B 产品					

续表

<table>
<tr><td rowspan="7">经营信息</td><td colspan="2">店内主要销售指标</td><td colspan="3">我公司产品分析</td><td></td><td colspan="5">主要竞品分析</td></tr>
<tr><td>主销产品</td><td></td><td></td><td></td><td></td><td>C 产品</td><td></td><td></td><td></td><td></td><td></td></tr>
<tr><td>主销产品</td><td></td><td></td><td></td><td></td><td>D 产品</td><td></td><td></td><td></td><td></td><td></td></tr>
<tr><td>主销产品</td><td></td><td></td><td></td><td></td><td>其他</td><td></td><td></td><td></td><td></td><td></td></tr>
<tr><td>核心团购单位</td><td colspan="10"></td></tr>
<tr><td>核心生意模式</td><td colspan="10"></td></tr>
<tr><td>竞品当前活动策略</td><td colspan="9"></td><td>注：店内的氛围、宣传物料建设情况</td></tr>
<tr><td colspan="2">终端客户合作意愿及建议</td><td colspan="10"></td></tr>
</table>

（5）针对核心终端一定要签订全年的合作协议，给终端树立小目标，设定远景，年初框定双方的权利与义务、目标与要求，后期全年的工作便是围绕年初目标的达成而开展。为了确保协议目标的准确度及可行性，具备一定条件的品牌采取终端配额制及价格双轨制进行管控，即年初确定整体配额（具备条件的分解到季度或月度），配额内按计划内价格执行，配额外按计划外价格（价格要具有一定可行性，定得太高，无法执行，会起到反效果；定得太低，又没有意义）执行。全年协议不可避免要涉及返利或者模糊返利问题，返利一定不要简单化（即仅仅与销量达成情况挂钩），建议采取评分制，如表 3 –4 所示的《核心终端评分表》。

表 3 –4　核心终端评分表

终端类型	考核项目	具体内容	分值（分）
核心终端	生动化陈列	常规陈列不低于 12 瓶；专柜陈列不低于 24 瓶	
		我们品牌门头店或者专柜店，必须要有专柜或者地堆陈列	
		店内第一位置陈列，竞品边缘化，近乎排他	
	宣传物料	物料摆放不低于 6 种（PVC 板、展架、海报、价格签、箱贴、价签、腰条、DM 单、灯箱片、柜眉、德展、画架、台卡、吊旗等）	
	第一推荐	在微信朋友圈转发我公司相关产品、活动等信息，每月不低于 × 次	
		陌生拜访时，我们品牌必须为同价位“第一推荐”品牌	
	信息收集	假货、窜货、产品低价等信息第一时间收集并上报	
		竞品价格波动、促销信息等动态第一时间收集并上报	

续表

终端类型	考核项目	具体内容	分值（分）
核心终端	团购单位开发	开发××家以上主要消费××产品的核心单位。每少完成一家扣××分。核心单位评定标准：年消费××产品××件以上	
	指标序时进度	按协议约定序时进度进货	
	价格达标	必须签订市场价格承诺书，按公司指导价格进行销售。发现一次低价销售行为扣××分	
	物流管控	除按公司规定之价格予以回购外，按照窜货数量的 10 倍扣罚销量及对应政策支持。窜货一次扣除××分	
	政策宣传	公司宴席活动、节庆促销等政策活动宣传到位，完成公司要求的宴席指标	
	小计		

（6）重要的活跃网点厂家人员必须亲自参与维护。

2. 达标标准

所有目标网点，必须成为活跃网点。

二、第二项，品牌传播

营销无非两件事情：一是把产品铺到消费者面前；二是把产品铺到消费者心里。消费者选择我们产品一定是出于对我们品牌产品的了解和认知，在于我们产品能够给消费者带来的利益（面子、尊重、社交等）。而消费者对产品的了解和认知不是天然形成的，而是在于市场与消费者进行了有效的持续的宣传与沟通。只有当消费者真正认可产品的品牌与价值后，后续的促销与服务才可能得到各环节认可，否则就会是“剃头挑子一头热”。

厂方应全面梳理自身的品牌资源，编制通俗易懂的品牌知识营销技巧及口碑传播手册，尤其是核心的利益诉求最好能缩减为简单的几句话，甚至是一句话。然后厂方将所有资源进行聚焦传播，营销人员利用一切适宜的场合（如品鉴会、大品会、日常拜访）不断地宣传与交流。如之前茅台酒厂对“国酒茅台”概念的传播、洋河蓝色经典对绵柔概念的传播等。**在品牌传播上，记住一句话——认知一定比事实重要。**

品牌传播的两大主体：一是厂方及经销商等营销人员；二是终端客户。尤其要注重终端客户对消费者的传播与引导。现实情况是，绝大部分的终端对我们产品的品牌历史及卖点知之甚少，更不要说对消费者传播。也就是说，我们没有能够给消费者一个充分购买的理由，这也是很多产品动销缓慢的原因之一。

1. 厂方人员的基本要求

（1）强化培训。早会、周会、月会及日常培训，均须加入品牌知识营销技巧及口碑传播内容，所有人员必须对品牌文化及产品知识等内容做到脱口即出的程度，并能够用自身的语言进行准确流畅的表达。

（2）至少每个季度安排一次针对品牌知识及产品核心卖点内容的考试，考核结果与绩效及奖金挂钩。

（3）朋友圈每日均须转发一条与公司品牌传播有关的内容。

2. 终端人员宣传及引导的基本要求

（1）所有目标网点均能够熟知品牌知识及产品核心卖点，并能在与消费者的沟通中适时传播。抽查方法可采取陌生客户拜访的模式。

（2）营销人员须引导终端人员（老板、从业人员及店内消费者）加入公司官方微信公众号，核心终端能够主动转发公司品牌传播相关文章或内容。每周不低于一次。

（3）在以终端为召集人的品鉴会中，终端老板能够主动、积极、适时传播品牌知识及产品核心卖点，并将这项工作作为评判该场品鉴会是否有效的依据之一。

三、第三项，客情维护

良好的终端客情，是保持和提升渠道推力的最核心要素之一，是企业各项营销推广工作开展及落地的基础，也是营销人员服务水平及市场掌控力的综合体现。可以说，**没有客情维护，便没有一切市场工作。客情维护基本要求如下：**

（1）客情维护的前提：稳定的价格体系及市场投入。

（2）按照本书“终端拜访三精十步骤”的要求对所辖区域目标网点进行周期性拜访，北上广深等大城市每天拜访数量不低于 8 家，其他城市每天拜访数量不低于 10 家。原则上 A 级终端每周不少于 3 次拜访，B 级终端每周不少于 2 次拜访，C 级终端每周不少于 1 次拜访。

（3）顾问式营销。能够帮助解答客户生意和经营上的一些问题，能够及时回应终端的各种诉求，解决终端一些非工作上的问题，在我们产品的推广及动销上有自己的理解及建议。尤其是要懂得聊天，让客户感觉与我们聊天非常愉快舒服。会聊天，也是生产力。

（4）重大节日、纪念日策划能够感动客户的方案，并形成系统性的操作模式，关键是要持续坚持。如三八节，给老板娘送鲜花；教师节，给对自己帮助比较大的老板送鲜花，并写上感人的贺卡，让老板觉得不帮助自己成功都不行；老板生日，送生日蛋糕及品鉴酒等。每位对接的营销人员必须至少记住核心客户的 3 个重要日子。

（5）针对核心终端不定期组织周边游、户外拓展、自驾游、球类运动等户外交流活动（原则上要求每年度不少于 3 次），适时适度进行品牌及产品知识的传播，增强客户对公司品牌及产品的认知，加强双方的了解及情感连接，增强品牌美誉度及忠诚度。需要注意的是，户外活动一定要注意到各项细节的服务工作，对各种可能发生的问题提前做好预判，让客户真正感受到品牌的用心与真诚，让客户被我们品牌的服务感动。**为了避免客户产生厚此薄彼的感觉，参加活动的门槛一定要提前设定并公布。**

（6）核心客户回厂游，让客户及背后消费者亲自到酒厂参观考察，实地感受品牌的历史文化、核心资源，感受厂方实力，增强客户对品牌及产品品质的信任与信心。

（7）客户反馈的任何问题要在 24 小时内给出回复及处理结果，不能立即给出回复的要给出理由。最忌讳的是选择性遗忘客户诉求或者拖沓。

（8）经销老板及其职业经理人必须每周对区域内核心终端进行深度拜访及柔性沟通，原则上每周不少于 10 家。

（9）给予营销人员一定的用酒权限（但是必须回收瓶盖及能够提供确保开瓶饮用的证明材料），让营销人员在终端客户那里有面子，让营销人员与终端老板及其背后圈子能够深度交流。

（10）针对核心客户一店一策地设计动销方案，提供礼品及政策支持，促进产品动销。

四、第四项，氛围营造

氛围营造包括两大方面：一是产品陈列；二是广宣物料等氛围布置。良好的氛围营造工作能够营造产品热销氛围，强化品牌宣传，增强品牌信任感，从而刺激消费者购买欲望。同时，**陈列也是区域负责人管理水平的最直接体现，亦是区域业务人员综合能力的最直观表现。氛围营造基本要求如下：**

（1）核心终端的门头牌，核心街道、十字路口等关键位置的门头牌必须换成我们产品品牌元素的。

（2）目标终端店内推拉贴、柜眉、包柱等位置的宣传物料必须全部占据，使消费者一进入终端门店，便陷入我们公司品牌海洋。

原则就是只要有条件做宣传物料的地方，必须有我们产品品牌元素。

（3）产品陈列位置必须放置品牌核心卖点宣传语，建议用发光字材料。因为目前还没有人用，谁抢先做便会有首发效应。

（4）核心终端至少店内 1/3 的陈列位置为我们产品，普通终端做专柜陈列形式，协议期限以年度为单位，费用可按季度或月度为单位兑付或者通过其他方式，终端义务陈列。

（5）陈列要突出主推产品，一是陈列面上主推产品要占一半以上，比如有 30 个面、10 个单品，那么两个主推的产品至少占据 15 个面以上；二是最好的陈列位置要留给主推产品，一般来说四节货架，第二节、第三节是最有利于销售的位置，要留给主推产品。

（6）产品要陈列在同档次的产品旁边，可拔高，但不可降低。避免与杂牌产品、侵权产品、擦边球产品陈列在一起，以免给消费者造成误解。

（7）良好的产品陈列不是靠厂方投入大力度砸出来的，当然适度的政策力度不可或缺，更多的是靠一线营销人员牢牢树立“我品必须为第一陈列”的意识，在日常工作中日复一日不断地去争取及维护得来的。要将陈列做得好，比的是区域管理能力、比的是思想认知、比的是客情、比的是动手能力，所以陈列是一线人员综合能力最直接的体现。

五、第五项，事件营销

此处的事件营销，仅指以终端为单位召集人的事件营销。事件营销可以让品牌、终端与消费者产生更为深度的合作，实现从零散卖酒到批量化卖酒的转变。事件营销的目的在于为消费者提供价值，实现差异化的竞争优势，而不仅仅单纯为消费者提供产品。比如做工程的老板一定非常愿意认识银行系统的人，而银行系统的人最大的痛点是资金难以贷出去。如果核心终端或者几个核心终端一起搞一个事件营销活动（比如小范围的自驾游活动），将两拨人聚集到一起，让消费者能够从核心终端这个平台上实现资源积累或者说扩大自己的生意规模，那么无疑会极大增强消费者与品牌及终端的黏性与忠诚度。事件营销基本要求如下：

（1）有条件的核心终端每年至少召集 3 次以上的事件营销活动。

（2）事件营销（会议营销及赞助归于事件营销）的关键点：第一，要有关键人，即实际管事的人，没有关键人的事件营销活动不能做，不然就成冤大头了；第二，意见领袖要支持，要愿意站台；第三，要有跟进人，包括终端老板及厂方人员。这几点缺一不可。

六、第六项，市场秩序

价格是产品的生命，保价便是保命，有命才有未来。市场秩序是产品持续健康发展的根本，没有市场秩序，产品的生命周期将极为短暂。**压货、渠道促销、费用落地性是价格的三大杀手**。我们面对诱惑要坚守底线，保持定力，不能为了短期销量而牺牲掉长远发展。市场秩序基本要求如下：

（1）产品外箱必须喷码，酒盒上贴瓶标。经销商所有产品出库必须进行物流码登记工作，全面记录货物的流向。行业内有句话叫作，“窜货无耻，被窜无能”，让其他区域的货一进来便会被抓住，让自己的货物一出去便会被发现，形成一种战略威慑。营销人员对终端销售状况要保持敏感，对销售异常的终端（如产品动销较好但长期不进货或少量进货的终端，长期不动销但突然要进货 10 件的终端）能及时、快速识别，并严格按照公司货物管理制度和举报流程规范处理。

（2）要转变发展观念，新的竞争环境下，促销压货作为市场发展的动能已经显得不合时宜，要坚持以动销促发展的理念，根据终端实际的动销能力制定合理的目标及供货计划，宁愿少量多次供货，也不要一次性为了冲销量压超出终端动销实力的货。终端一旦库存量超过其承受能力，低价、抛货那是必然的事情。当然，这需要酒厂总部保持清醒的头脑，不要制定不切实际的目标，营销人员为了奖金可不管后面几年市场是否“洪水滔天”。**做企业要有理想，但是千万不要理想化。**

（3）严格执行产品价格体系，任何销售环节（终端供价、终端零售价格、团购价格）均严格按指导价格执行。终端供价必须采取收取产品单瓶保证金，后期返利的形式执行。另外需要注意的是，终端供价及团购价有提升时，直接说涨价多少元/瓶，或者说涨价幅度在多少即可，不要直接公布新的价格体系，毕竟互联网时代信息那么透明，厂方都把底价告诉消费者了，终端还怎么卖？如郎酒宣布从 2018 年 1 月 1 日起，53 度红花郎（10）供货价将上调 40 元/瓶，53 度红花郎（15）供货价将上调 60 元/瓶，53 度青花郎供货价将上调 182 元/瓶。这种涨价宣传方式就非常好，消费者只知道产品涨价，并不会知道产品底价。

（4）渠道促销（包括一切形式的促销）要控制在一定程度、一定范围内，不要一面对销售压力的时候，就把促销力度放大，造成市场的恶性循环。如果企业根据自身品牌情况及市场情况将促销设定在一定程度（比如 10%），那么日后无论任何时候做活动均不要超过这个力度，否则不仅价格体系会很快被破坏掉，合作伙伴的信心很快也会失去。“面对现实，继续促销；面对未来，保价促销”，促销要多做消费者促销，弱化渠道促销；多做价格不透明的柔性促销，少做硬性促销。

（5）终端不会因为你帮助他套了费用而对你感恩戴德，只会觉得你比较傻。终端套的费用往往不会成为自己的利润，而是成为低价的武器。所以那些做市场的费用、用于消费者培育的费用一定要 100% 落地，比如最容易做假的品鉴会、赠酒。

（6）不断强化对终端的观念引导工作，落实产品的货龄管理工作，即“存新酒，卖老酒”。这样可以提升品牌力，给消费者消费的一种价值感，也给终端更多的信心，降低窜货低价风险。也给老板梳理信心，今年卖不完的酒，存老酒卖，明年照样赚钱。

七、第七项，样板建设

样板终端是产品在市场生产和发展的核心力量，没有样板终端的市场基础是极为脆弱的。强势型市场、成熟型市场样板终端是品牌强有力的护城河，是抵御竞品蚕食的武器；而弱势区域需要聚焦资源打造样板终端，通过样板终端的示范及带动作用实现区域市场的破局。样板建设基本要求如下：

（1）样板店建设标准为“四个第一”：第一认知、第一推荐、第一陈列、第一销量。第一认知，即终端老板及主要负责人对品牌及产品高度认同，认同度远高于其他品牌；第一推荐，即同类型产品中第一推荐我们产品；第一陈列，即店内产品陈列位置及瓶数远高于其他同类产品；第一销量，即产品销量远高于其他同类产品，远高的定义为高于第二名一倍销量。

（2）样板店建设数量，强势区域不低于目标网点的60%，弱势区域不低于目标网点的40%。

（3）样板店建设要纳入营销人员月度考核及年度考核。

（4）市场要加大对样板店的管理及支持力度，样板店须列为公司及市场首检及必检项目。

（5）针对样板店的联谊及客情活动每年不低于两次。

各区域各市场能够按照中高端白酒终端建设工作七项基本要求系统性地规划及设计市场发展路径，有规划、有步骤、有责任人、有检核地去逐步推进，落实过程管理及PDCA闭环管理，品牌在区域市场的发展与成熟只是时间问题。

第二节　区域市场增量模型

增量是区域市场运作的永恒话题。大部分人遇见销量萎靡不振或销售业绩压力，首先想到的就是更大的促销政策、更多的产品搭赠、更多的市场投入等自毁式做法，这种做法虽然能够取得立竿见影的效果，但是对于市场往往会带来一定的副作用。那么，有没有更健康、更绿色的增量方法呢？

增量，其实是个系统工程，打好组合拳，才会更有威力，这便是本节要谈到的问题。

一、团队管理增量

中高端白酒最核心的竞争之一还是人员效率的竞争，而人员效率的提升最关键的还在于团队管理水平的高低。拿破仑曾说过："一只狮子率领一群绵羊的队伍，可以打败一只绵羊带领一群狮子的队伍！"团队管理是每个管理者每天都在做的事情，但是做出的效果却是千差万别，有的带出的是嗷嗷叫的虎狼之师，有的带出的却是一群待宰的羔羊。所以市场要想攻城略地取得销量，首先要练好内功，从团队管理入手寻找突破口。内功没练好，投入资源再多不过是水过鸭背，浪费更多。

1. 人员日常管理

出勤情况：业务人员出勤天数、作息时间是否能够达到既定要求，是否存在部分人员以照片代替出勤的情况；是否存在人员"磨洋工"出工不出力的情况。

工作记录表：业务人员每日的客户拜访记录表是否按时保质填写，还是坐在一家店里完成一天的拜访记录；业务人员周报、日报是否言之有物，还是仅仅为报而报；责任主管是否履行监督督促职责，对业务人员日报、日常工作进行系统性检核及督导。

晨会管理/晚会管理：工作安排是否清晰、对业绩是否有推动。

终端拜访率：对不同级别的终端拜访频率及质量是否到位。

2. 人员检核

知晓度：业务团队每个人是否都能明确知道自己每月、每周、每天的工作事项及绩效考核点；考核结果是否做到及时准确沟通。

阶段推进：考核是月底一次性算总账还是分解到一周为单位（甚至以天为单位）分阶段排名考核。

检核频次：直接主管能否对下属做到天天检核，及时发现问题、解决问题。

3. 专项奖惩

针对需要重点突破的事项设计专项的奖惩方案，如陈列维护、后终端建设、新网点开发、团购商招募、样板终端打造、门头牌建设等。

4. 数据督导

每天：通报所属人员、经销客户单日销量、截至当日销量、达成率、同比增长率等情况。

每周/每月：对比其他区域单日销量、截至当日销量、达成率、同比增长率等情况高还是低。

针对数据存在问题的地方，相应人员做出书面解释和整改方案措施及时间表。

二、经销商管理增量

1. 经销商实力投入情况

经销商的网络、客情、人员、精力、车辆、后勤等生产要素有多少投入到我们品牌的运作？

2. 经销商资金情况

我们产品能够占用经销商多少资金？在其整个生意中的占比能

达到多少份额？

3. 经销商利润情况

我们产品目前的利润空间能否满足经销商预期？如果不能，我们产品如何设计通路利润链？

4. 经销商服务及客诉处理情况

经销商对下游客户的服务是否令人满意？客诉处理是否及时高效？

5. 经销商业绩数据情况

经销商业绩数据对比同期，对比其他片区是否落后？落后是环境原因、市场原因还是经销商在布局撤退？

6. 经销商人员管理情况

经销商的人员是否挂我们产品销售指标？我们如何让经销商人员为我所用？

7. 其他

如遗留问题是否得到解决。

三、渠道管理增量

1. 新控盘：流通盘、消费者盘、零售价盘

厂方对于市场的掌控力才是市场发展的定海神针，不要寄希望于经销客户、终端来承担，他们没这个动力也没这个实力。厂方对于市场掌控力越强，各级合作伙伴的信心及主动性越强，从而市场也便越良性。

流通盘：即当地对批发价有话语权的客户是否能被厂方整编。每个区域都会逐渐形成意见领袖型的终端，这类终端往往对流通盘具有极强的影响力，能不能够整编成我们的队伍。

零售价盘：即当地的零售价标杆客户（如当地卖场、连锁酒行、1919、易久批、酒便利等）是否能按照厂家运作思路走或具有稳定

可靠的合作关系。

消费者盘：即对当地团购价能够起到标杆作用的客户，是否能够积极合作。

2. 新客户：多客户布局、团购商、定价权客户

多客户布局：一个客户的资源及能力往往是有限的，“众人拾柴火焰高”，市场是否具备分产品、分区域、分渠道切割招商的条件。**注意，如果厂方对于客户的管控能力不足，品牌号召力不够，切忌多客户布局。**

团购商：团购商的数量及质量能否满足市场需要。

定价权客户：对市场有极大影响力的客户（包括主竞品、批发商等）是否已经纳入我们旗下。

3. 新渠道：封闭式餐饮渠道、定制渠道、宴会渠道、团购渠道、会销渠道、事件营销渠道

封闭式餐饮渠道：很多封闭式餐饮老板本身就是中高端白酒消费大户，同时有工程等其他项目作为主业，自身建有会所，方便客户沟通及交流。这类老板往往具有广泛的人脉关系网及号召力，而且这类客户一旦选择一个品牌长期合作就不会轻易换品牌。如果能够提前进行布局，往往能够取得喜人的效果。

定制渠道：定制主要是企业跟厂家定制产品，实现深度合作及绑定。

宴会渠道：宴会渠道的政策是否符合市场实际？推进措施及管控措施是否到位？主流的宴会型酒店是否建立了良好合作关系？

团购渠道：片区、经销商客户的团购占比如何进一步提升？

会销渠道：会销渠道开展是否做好各项细节？关键人客情维护是否到位？

事件营销渠道：在能够实现盈亏平衡的条件下，公关赞助、企业互访等事件营销如何大面积开展？

4. 新区域

区域拓展：哪些空白区域具备布局条件却仍未布局？

区域下沉：区域布局是否具备从城区下沉到郊县，从郊县下层到乡镇的条件？尤其是在目前消费升级的大趋势下，是否打造出了样板郊县？

5. 新产品

差异化产品：导入差异化产品，形成具有防御能力的“产品品牌化、品牌系列化”产品线。

年份酒：年份酒是否具备炒作条件？如何炒作？

多规格产品：机会性做多规格产品，如 3L/1.5L/1L/750ml 等。

四、终端管理增量

1. 终端达标（三个第一）：第一推荐、第一陈列、第一认知

第一推荐：终端动销不好、货卖不出去，一定是终端的我品推荐率不够，所有终端营销工作的重点应该归结于如何成为终端同价位第一推荐产品。

第一陈列：在终端的陈列位置反映了我们产品在终端的地位及业代基础工作的好坏。

第一认知：终端是否熟知我们品牌的历史文化、产品卖点、产品特色，是否能够准确传达给消费者？

2. 新终端开发

核心终端：核心终端的数量及质量是否达标？

非核心终端：非核心终端储备是否足够？还差多少能够升级到核心终端？

堡垒型终端：对竞品的核心终端进行定向爆破，转化成我们产品的粉丝。

潜力终端（目标终端）：对于潜力终端的拜访频率及质量是否

足够？

3. 氛围度

门头牌：核心终端、核心街道门头牌建设是否达标？

室内氛围：室内广宣物料（如柜眉、推拉贴、爆炸贴等）是否到位？

五、品牌管理增量

1. 硬广制高点

当地适合我们产品品牌调性的硬广资源是否占据？如出入城区高速路口跨街广告等。

2. 事件营销

区域有影响力的大事件、大话题是否深度植入？

3. 客户满意度

经销客户、终端、消费者、合作伙伴对我们产品的意见、问题是否得到解释？需求是否得到合理满足？

4. 圈层建设

当地适合我们产品调性的圈层是否进行占位及精细化运作？如高尔夫系统、商会系统等。

第三节　区域市场调研报告撰写思路

很多时候，新到一个市场，领导往往对我们的态度、能力、性格并不了解，也暂时不会花太多时间来了解。这种情况下，我们不能听天由命坐等领导来了解，这就需要我们积极主动地去推荐自己。那么，哪种方式才是合情合理的沟通方式呢？笔者认为，一份专业的调研报告是一个理想的选择。

新到一个市场，主动写调研报告，简单来讲有以下好处：一是表忠心，你的调研报告等于在跟领导说我认可您的领导，绝对服从您的指挥，尤其是对于刚从外地市场调过来的人，因为领导对从外地调过来的人，心里都会犯嘀咕，这个人在厂里和高层有没有特殊关系，好不好管理，调研报告便是最好的“投名状”，等于给领导吃了颗定心丸；二是表态度，如果你能在领导安排具体工作之前把一份专业的调研报告汇报给直接领导，再说一句“请某总指导”，领导往往会对你刮目相看，好感倍增，形成良好的第一印象，这就和相亲一样，第一印象决定日后是否能继续谈下去；三是表能力，新到一个市场，领导对你的专业能力不了解，一份专业的调研报告是你的能力的有效体现，你看问题的角度、分析问题的深度、解决问题的力度都会在调研报告中展露无遗。所以好好重视你的调研报告，不然阴沟里翻船还不知道是怎么回事。

根据经验，区域市场调研报告一般可分为六大部分：一是市场概况；二是商户资料；三是我品分析；四是竞品分析；五是 SWOT 分析；六是市场存在的问题及下一步营销建议。

一、市场概况

市场概况包括但不限于：地理分析、人口分析、经济分析、文化分析、市场容量分析。

1. 地理分析

包括县/区、乡镇、行政村总数及对应地理条件、人口情况、经济状况、社会环境。

2. 人口分析

包括人口数量分析、人口性别分析、人口结构分析、人口分布分析和人口流动性分析等。

3. 经济分析

包括规模以上企业数量、人均收入、产业结构、政府支出特点等因素。

4. 文化分析

包括文化传统、消费习惯、信仰和价值观等。

5. 市场容量分析

总体容量、主流品牌年销量、主流单品年销量、淡旺季情况等。

（市场概况通过百度可以解决，没必要长篇大论，简明扼要地讲明关键点即可）

二、商户资料

主要调研市场上排名靠前的经销客户、二批商、有影响力的终端情况，包括我们产品经销客户情况。

1. 基本资料

包括数量、名称、老板、电话、地址等。

2. 硬实力

包括产业分布、经商年限、仓库及车辆、主营产品等。

3. 信誉情况

包括终端对其评价、人品、与厂家合作情况、有无不良嗜好等。

4. 团队情况

包括业务及后勤数量、薪酬待遇、管理模式、业务团队状态等。

5. 网络情况

包括直控终端数量、核心网点数量、控制力如何等。

6. 经营能力

所代理产品在市场上的表现（品种、陈列、价格体系）、市场管控手段等。

7. 核心终端

区域核心终端的思维模式、操作思路、文化特点、心态、态度、利润追求等。

三、我品分析

我品分析包括价格体系、终端表现、终端服务、促销执行情况等。

1. 价格体系

最好做成专业的表格，包括批发价、团购价、零售价、利润率等。

2. 终端表现

市场铺货率，核心网点的数量及质量，主导产品在终端的价格执行，陈列的力度及方式情况，门头、海报等氛围情况，终端对我品的态度（核心终端是否能做到第一推荐），终端投诉情况等。

3. 终端服务

我们公司对终端的拜访频率是否满足市场要求，终端客诉是否得到及时处理、客情是否优于竞品。

4. 促销执行情况

是否按照公司要求贯彻落实、促销执行效果、终端对于促销是否满意、消费者反馈如何、促销执行后价格体系是否走低。

5. 费用情况

是否有遗留费用？若有，产生的原因是什么，如何解决？

我品分析以点到为止的事实陈述为主，因为领导往往是市场的专家，我们到一个市场看到的往往是有限的表面现象，说多了有班门弄斧的嫌疑，反倒引起领导反感。

四、竞品分析

竞品分析包括主要竞品渠道结构、价格体系、包装分析、终端表现、推广模式及方式、传播模式及方式等。

1. 主要竞品渠道结构

竞品的经销模式有几种、当地有多少分销商、各自年销售及渠道成员的利润率分析。

2. 价格体系

竞品的出厂价及各类终端的进价、挂牌价、零售价、成交价、团购价及返利政策。

3. 包装分析

包括竞品的规格、容量、口味、度数、包材颜色、包材材质等。

4. 终端表现

主要竞品在名烟名酒店、AB 类酒店、CD 类酒店、商超的铺市率、价格管控、陈列形式及费用、终端拜访情况、终端推荐情况、终端客情、促销执行及价格管控情况如何。

5. 推广模式及方式

在产品发展周期的各个阶段采取了哪些铺市方式、何种方式的促销和活动推进销售。促销活动有何特点、效果、优劣势及渠道对促销活动的态度。

6. 传播模式及方式

竞品以何种传播方式为主，各传播方式大概投入情况、费用是如何支付等。

五、SWOT 分析

综合行业及市场的宏观和微观环境，结合公司在市场上的优势与劣势，发现存在的机遇，找到已经客观存在需要解决的问题。

六、市场存在的问题及下一步营销建议

1. 针对发现的经销客户、产品定位、价格体系、推广、促销、终端表现等问题提出自己的解决方案

2. 在其他方面提出自己的见解

一般来说，领导不会把你写的调研报告从头看到尾，但是你的

用心程度、专业水平，领导只需要简单看结构及关键点就可以得出结论。如果按照笔者在书中提供的调研模块，把这些都了解清楚，并根据自己的理解及市场实际情况加入其他有针对性的内容，一定可以使领导对你“一见钟情”！

第四章

如何做好促销及价格管控

第一节　确保费用投入效果最大化

在白酒营销趋同、品质趋同，竞争白热化的今天，各企业差异化的营销势能在不断下降，单靠模式及营销手段的创新便能取得飞速发展的时代已经一去不复返。**现在企业更多比拼的是把有限的资源用到极致化，掌握市场不同发展阶段费用投入力度及侧重点，聚焦资源在市场发展的突破口，保持费用投入持续稳定，从而打好组合拳，取得事半功倍的效果。**

费用投入过大，一旦管控没有跟上，很有可能造成价格体系崩盘；费用投入力度过小，市场氛围可能不足，无法进行市场破局或突破市场瓶颈。按照市场费用投入的效果，我们可以简单分为**无效投入、高效投入、低效投入**。即便是同样的费用投入方式及力度，在不同的市场发展阶段可能会产生不同的效果，所以，我们需要分不同市场类型、不同发展阶段来进行投放，确保费用投入效果最大化。

一、杜绝无效投入

无论在市场任何发展阶段，以下情况皆为无效投入。

1. 常年促销、无底线促销

白酒黄金十年时期，酒厂最大的任务就是把货压给经销商、压给终端便万事大吉，在行业扩容的环境下，确实也非常有效，客户总能够想办法处理掉。在惯性思维及业绩压力的综合作用下，很多中小酒厂或者区域管理者，往往从春季促销到冬季，这次进货送家电，下次进货加大力度送旅游，不断加码，只为压货。这就会形成恶性循环，最后的结果就是“不促不销，促了也不销”，很多市场做到一定程度，销量便遇见瓶颈开始下滑就是这个原因。

酒类产品促销一定要以一定的主题活动、节日促销为主（端午或五一、中秋国庆、元旦春节），全年渠道促销次数不超过三次，促销力度最大在春节档期，其次在中秋国庆档期，最后在端午或五一档期。每次实际渠道打款发货时间不超过 30 天（时间仅为举例，具体时间要根据企业情况而定），但是为了抢占渠道资金，所有活动方案、宣传物料、人员培训应当在活动实际开展前 15 天完成。

名烟名酒店促销活动设计思路要以消费者拉动为主，渠道终端为辅（强势区域也可以取消促销），原则上消费者层面促销占比要高于 70%，禁止仅针对渠道开展促销。

名烟名酒店渠道促销力度绝对不是越大越好，当然面对现实没有促销也不行，名烟名酒店永远是“高价进高价出、低价进低价出”，对于某产品终端老板的预期利润率是一定的。提高产品价格的方式不是靠促销而是靠动销，供小于求时，供需矛盾的经济规律便会发生作用，价格自然而然便会上扬。

渠道促销的核心是酒厂掌握市场销售、价格、市场发展的平衡点后，确定一定比例促销力度（比如一瓶酒最高 10 元促销力度），一旦确定后就是三年五年不断坚持，销售压力再大也不要增加促销力度，不仅不增加，还要不断地逐渐减少，几元钱几元钱地减，最后随着品牌力的提升及消费者忠诚度的增加，最终取消促销，**实现“从完全渠道促销，到消费者促销为主、渠道促销为辅，到完全消费者促销，到取消一切促销”的良性发展。**

现在白酒行业已经出现一种新的发展趋势，那就是取消各类促销，厂家将原本的促销资源用于消费者投入及品牌建设。因为虽然厂家投放的各项政策本意上是培育消费者或增加终端利润，但实际上只是厂家自欺欺人的想法或者一厢情愿的想法，绝大部分的促销投入基本上都转化为了进货成本，从而渠道终端低价出货，加速流转，直接导致价格下滑。

2. 消化库存（含经销商库存、渠道库存）

市场为了消化经销商库存，或为了消化渠道库存而再次进行的促销投入，视为无效投入。这说明之前的市场投入没起到应有的作用，要么是方案制定有问题，要么是市场没有将方案落地，需要公司再次投入资源来消化之前的货物，属于资源重复投放。

二、严控低效投入

市场多年运作不见起色，或者费效比过高，很大一部分原因在于费用的不合理使用，低效投入过大。

1. 开发期

（1）占销售比过大、金额过大的硬广投入（比如一上来便是户外大牌、高炮）。

（2）大面积的门头牌及陈列投入（很多中小酒企在市场开发初期喜欢大面积投放门头牌费用，营造无处不在的氛围）。

（3）大规模进行网点开发（为求速度，近乎将产品白送，前几年河北区域很多酒厂喜欢搞现金陈列，进多少便通过现金陈列费用进行返还）。

（4）无节制的非目标消费者赠酒（现阶段，简单通过赠酒来培育消费者几乎不太可能）。

（5）非目标消费人群品鉴会（为了吸引渠道进货，渠道进货搭赠品鉴会）。

（6）大力度的渠道促销（盲目对标其他企业品牌促销力度，没有最大，只有更大）。

2. 发展期、成熟期

（1）非目标消费群的家宴活动，不分群体大力度的家宴政策，或持续时间较长（家宴本来是阶段性的氛围营造手段，变成了全年性的促销手段，直接拉低消费者成交价格）。

（2）以压货为目的的渠道促销，政策容易变现的促销政策。

（3）无节制的非目标消费者赠酒、重复品鉴（赠酒政策变成折价工具）。

（4）无针对性的会议赞助、赠酒。

（5）大量资源投入在酒店渠道。

3. 垄断期

（1）无针对性的会议赞助、赠酒。

（2）非目标消费群的家宴活动，不分群体大力度的家宴政策，或持续时间较长。

（3）无节制的非目标消费者赠酒、重复品鉴。

（4）没有战略意义的地方性广告投放。

（5）普通网点长时间的陈列活动。

三、提升高效投入

市场在开发期、发展期、成熟期、垄断期各阶段的投入侧重点及力度应有所不同，核心是要将资源聚焦在市场突破口，进行针对性的投入。高效投入策略如下：

1. 开发期

开发期市场高效投入策略：单点突破，集中资源在某一区域、某一渠道做到第一，通过点状辐射快速启动市场。

（1）团购渠道

①围绕对我们产品认知度相对较高的重点品鉴顾问（3～5名）进行公关，通过组织回厂游、品鉴赠酒、品鉴会、销售积分等方式进行利益分享，以提高积极性。

②当地符合品牌调性的高端事件、高端会议、政府主要领导参加的会议、当地10强企业相关会议等相关活动进行品牌植入及赠酒。

③集中资源开发有优势的三个系统，每个系统至少做好10个拥有独立采购权的企业或部门，不断沿着线路开发。

（2）名烟名酒店渠道

①对区域内所有终端进行梳理分类分级，根据城市规模、市场容量及终端数量等情况筛选出15～50家有号召力的核心终端，进行一店一策的针对性集中性投入，如品鉴会支持、赠酒支持、周边游支持、门头牌支持等，调动其积极性。

②在核心街道、核心终端进行门头牌投入，店内品牌元素与门头牌保持统一。

③原则上只对核心终端投入陈列费用。

④渠道促销可以终端为主。

（3）商超渠道、酒店渠道

若无强势资源，本阶段可不进行开发。

2. 发展期

发展期市场高效投入策略：渠道快速实现增点扩面，通过事件营销营造热销氛围，促进市场快速放量增长。

（1）团购渠道

①全面拓展消费领袖家宴、高端会议等宴会市场，营造热销氛围。

②品鉴顾问级别及数量进行快速扩充，原则上高级品鉴顾问不少于 20 人、中级品鉴顾问不少于 30 人，普通品鉴顾问不少于 50 人。

③继续对当地符合品牌调性的高端事件、高端会议、当地 10 强企业相关会议等相关活动进行品牌植入及赠酒。

④在前期开发团购单位基础上不断进行延伸深挖，对区域内重点团购单位进行摸排梳理，进行系统公关及维护。针对竞品核心团购单位进行定点爆破。

⑤资源型客户引入，按系统、按线路进行团购客户招募。

⑥扩大酒厂游客户的范围，组织核心团购单位、企业高端社会名人等有影响力人员去酒厂参观考察交流，加深其对企业品牌历史文化的理解。

（2）名烟名酒店渠道

①大面积开展门头牌建设，原则上每个核心街道、核心区域、符合条件的核心终端均制作企业门头牌。

②大面积开展店内氛围营造工作，尤其是高端酒行的柜眉等。

③进行区域联盟体建设，联盟体类似于公司的小型经销商，数量为渠道目标网点数量的 25% 以上，可签订年度合作协议，给予不易折现的销售返利。建立核心联盟的目的在于通过其社会网络进行消费者建设，并通过深度合作稳定区域价盘。

④本阶段促销活动原则上以消费者拉动为主，渠道促销为辅，核心在于帮助渠道进行产品动销。

（3）酒店渠道

①对目标网点做好产品展示、包间元素植入、品鉴基地建设等

工作。

②对当地宴会型酒店、五星级形象酒店进行选择性合作。

（4）商超渠道

选择有资源的目标店进行合作，注意精品柜促销人员的客情维护及利益分享，做好产品价格标杆工作，塑造产品旺销形象。

3. 成熟期

成熟市场要板块化操作，全区域、全渠道全面进行渗透及扫盲，拉大与追赶者的差距。

（1）团购渠道

①当地前 30 大企业的接待用酒必须全部拿下。

②战略性开发目标消费领袖、核心团购单位，尤其是对竞品的消费领袖、核心团购单位进行转化，可适当前置性投入。

③对核心消费领袖、品鉴顾问进行系统性的客情维护及投入，如生日礼品、赠酒、节日问候等。

④对团购单位进行划分，交由有优势资源的团购客户公关及维护，严禁交叉供货。

⑤继续对当地符合品牌调性的高端事件、高端会议、当地 10 强企业相关会议等相关活动进行品牌植入及赠酒。

⑥扩大事件营销的范围及力度，如公益拍卖、爱心助学、演唱会、高尔夫赛事等，充分做好事前宣传及后期的二次传播。

⑦战略性开展消费者圈层建设，如高尔夫俱乐部、高端汽车车友会、足球俱乐部等。

（2）名烟名酒店渠道

①加强与核心店的情感联系，可采取联谊会、拓展活动、境内外旅游、节日礼品等形式。

②加强对团购型终端的扶持，控制批发型终端的货源。所有的奖励、政策支持均与市场秩序、价格执行挂钩。

③加强对核心店的陈列、地堆等展示投入，但均须与销量挂钩，具体比例可根据市场情况而定。

④中小型终端亦须进行开发，原则上所有终端均须有我们的产品售卖。

⑤当地连锁酒行渠道进行针对性的支持及投入，做好价格标杆及产品展示工作。

（3）酒店渠道

①对目标网点做好产品展示、包间元素植入、品鉴基地建设等工作。

②对当地宴会型酒店、五星级形象酒店进行选择性合作。

（4）商超渠道

①选择有资源的目标店进行合作，注意精品柜促销人员的客情维护及利益分享，做好产品价格标杆工作，塑造产品旺销形象。

②强化与商超团购部门的合作力度，将其视为小型团购商进行运作并给予支持。

③可针对消费者开展实物促销活动（如送毛巾、酒具等），节庆促销可安排临时促销员或发展兼职促销员。

4. 垄断期

垄断期市场在成熟期市场的各项措施基础上，进一步强化人员的服务能力，强化核心网点利润率及市场秩序，注意消费升级的引导及新品培育。尤其是要做好对竞品的动态快速反应、及时应对。

第二节　中高端白酒酒企提价策略

提价是酒类营销人员必须经历的过程，很多时候涨价的成败直接关系到合作伙伴的信心，甚至影响到企业市场运作的成败。虽然绝大多数人员在公司涨价进度中只是执行人的角色，但是了解公司的涨价策略，对市场运作提前预判，对于更好地执行具有极大的促进作用。

一、酒企为什么不辞辛苦提价

在企业不同阶段，提价的主要驱动因素不一样，大致可以分为如下几类：

1. 产品生命周期的需要

产品的生命周期大致可以分为：导入期、成长期、成熟期、衰退期。价格是产品生命周期最主要的表现及驱动因素之一，企业可以通过对价格的管控，重塑价格体系，解决快速流通产品所带来的价格透明问题，提升各渠道环节的利润，从而稳定和提升渠道推力，让产品跨越衰退期这一阶段，永葆产品的生命及活力。

2. 消费升级驱动

白酒消费的本质是尊重、面子、社交，消费者除了消费产品品质之外，更多消费的是价格带来的满足感。早在多年以前，麦肯锡就曾预计，到2022年，中国中产阶层数量将会增长至2.71亿家庭。中产阶级规模不断扩大，对品质生活提出更高的要求，特别是在衣食住行等消费品领域，消费能力提升、消费升级的大驱动下，原先满足这一主流消费群体的产品价位，后期将无法满足其需求。为了不被消费者抛弃，酒企需要不断提升价格，以保持品牌调性及定位。

3. 通货膨胀

通货膨胀指在货币流通条件下，因货币供给大于货币实际需求，也即现实购买力大于产出供给，导致货币贬值，而引起的一段时间内物价持续普遍地上涨的现象。

从社会发展规律来看，通货膨胀是不可避免的事情，如果运气不好，还有可能经历剧烈的通货膨胀。换言之，如果白酒产品的价格维持不变，随着时间推移，价格对应的购买力其实已经降低很多。

所以，即便是为了维持原来的销售价格对应的价值，酒企也需要对产品进行提价。

4. 原材料、人工等生产成本不断上涨

中高端白酒大多采用粮食（高粱、大米、糯米、豌豆、小麦等）酿造，原材料、人工等生产成本不断上涨将会压缩酒企利润空间，为了维持一定的利润率水平，酒企需要不断提价，尤其是对于中低价位产品而言。

5. 酒企产能不足

这主要是针对高端名酒，名酒厂自身产能不足，或者说人为控制了产能，通过控制供应，引导消费者需求，从而推动价格上涨。

6. 被动提价

龙头酒企提价，各酒企被动跟进，不跟进便会掉队。

二、白酒提价的节奏把控

1. 涨价的两种思路

一种是厂家通过重新设定厂方、经销商、终端、消费者等各个渠道环节的利润及利润取得方式，软硬兼施推动价格上涨。

另一种是厂方遵循供需矛盾的经济规律，通过发货量的管控，使供应量总体小于需求，“物以稀为贵”，货源不足，渠道客户提高销售价格，从而推动价格上涨。茅台、五粮液等名酒，对量价的策略是使用最为频繁的。

2. 涨价频率：一年以一次为宜，最高不超过两次（茅台、五粮液、国窖 1573 等特殊产品除外）

每一次涨价最核心的环节，是终端的接受程度。每一次产品涨价，终端都需要与消费者重新沟通，而且终端售价的上涨要滞后于厂价、批发价的上涨时间，一般滞后 3 个月左右。而终端对新的产品售价的接受时间也要 3 个月至半年，如果消费者刚接受新的产品价格，终端马上又要涨价，消费者第一会非常反感，第二可能会转向其他品牌。而终端出于不愿意得罪客户的考虑，往往便会将该产品雪藏，让该产品成为自然动销状态。很多产品便是被频繁涨价涨死的。

3. 涨价幅度原则：小步快跑，不能太过激进，迈大步

茅台、五粮液、国窖1573等名酒的稀缺性、限量性、需求不可替代性，让它们往往可以在提价上比较“任性”，然而大多数中高端酒企没有茅台、国窖1573的贵族命，激烈的市场竞争让大家在提价幅度上如履薄冰。提价幅度过高，提价失败的风险成倍增加，更关键的是消费群体的流失。酒企要客观地认识自身的品牌影响力和渠道掌控力，既不要妄自尊大，也不要妄自菲薄，确定自己的合理涨价幅度。涨价失败，往往意味着酒企信用的破产。

4. 涨价的两个关键时间节点：淡季涨价、节前涨价

节前涨价（中秋、春节）：节前涨价以茅台、五粮液等名酒为代表，借助节庆期间消费者的刚性需求，确保涨价的成功，同时实现利润提升的目的。选择这类时间点涨价的企业，品牌要具有一定不可替代性，或者对渠道具有强势的掌控能力，否则很有可能“偷鸡不成蚀把米”。

淡季涨价（春节到端午节期间）：白酒节庆期间的销量往往占到全年销量的70%以上，淡季涨价可以为涨价成功留足充分的操作时间，为旺季价格自然上涨储能，同时又不会有过大的业绩压力（此时产品无论价格高低均不会有太大销量）。这是绝大部分中高端酒企的现实选择。淡季涨价，如果渠道及消费者接受度不高，可以通过旺季做促销活动的形式进行弥补，所以风险相对较低。

5. 常见提价路径

首先，营造涨价预期，在公开或私下恰当的场合，恰到好处地泄露涨价“天机”，在自媒体上引发讨论；其次，重新调整建议零售

价及消费者成交价，大力度宣传造势，营造涨价氛围，给消费者、终端一种涨价预期及缓冲期；再次，调整终端供货价，提高终端进货成本，让终端不得不提高销售价格；最后，调整经销商供货价格，实现涨价目标。

6. 原则上不能直接说出厂价/供终端价/团购价等关键价格

如果不是像茅台这种消费者基本无议价权的产品，产品的出厂价/供终端价/团购价等关键价格还是保持神秘的好。毕竟每个客户的利润需求及操作模式不一样，厂家公布的价格，永远会得罪一部分客户群体。同时，如果价格透明，会让消费者去试探性询价，从而在多次博弈过程中拉低成交价格。所以出厂价/供终端价/团购价等关键价格只说提升多少钱，或提升多少幅度即可，不能直接说提升至多少钱。

如在出厂价方面，海之蓝每瓶上涨 4 元，天之蓝每瓶上涨 6 元，梦之蓝系列每瓶分别上调 5 元和 10 元；在终端供货价方面，海之蓝每箱上涨 60 元，天之蓝每箱上涨 100 元，梦之蓝 M9 每箱上涨 600 元。

大家有没有发现一个问题，茅台、五粮液的出厂价基本人尽皆知，但是洋河海之蓝、天之蓝、梦之蓝虽然已经推出十多年，但是其出厂价对大多数人而言是个谜，这就是价格管理水平！

7. 团队的理解及执行力是涨价成败关键

每一次涨价一定要对团队进行充分的沟通与培训，让每个人都能够理解涨价的目的与意义，尤其是要对涨价话术做好培训及演练，减少渠道阻力。

三、常见提价策略

方法其实也就那么几个，为什么有的企业有效，有的企业无效？提价是一个系统性工程，“方法是死的，人是活的”，提价要结合企业自身的实际情况及市场发展阶段，列出涨价成功的关键与本质，对症下药，多措并举，打好提价组合拳才能取得良好效果。

1. 通过收取经销商/终端产品保证金（月返/季返/年返）的形式

通过收取经销商/终端产品保证金（月返/季返/年返）的形式，提升经销商/终端的进货成本，从而促进各环节提升售价。

注意：产品品牌力及渠道掌控力须较强，否则很有可能引起渠道的强烈排斥，从而导致提价失败。

2. 涨价配套消费者促销活动

在一定时期内，以提升消费者价格感知为主，将涨价所获得的部分利润或全部利润以其他促销形式返还给消费者，即让消费者仍然以原来的价格买到同样的商品，给消费者缓冲时间，防止消费者消费品牌转移。当舆论造势达到一定程度，与消费者沟通达到一定阶段后，消费者也知道该产品涨价是厂方行为，全国、区域均涨价，而非终端个人行为或某一区域行为后，消费者抵触情况自然减少。而后在恰当的时间逐步削减促销力度或变换促销形式，直至恢复正常水平。消费者的心理往往都是不怕买到高价货，就怕自己买到高价货。

3. 做好涨价后的终端利益分配

涨价后，给目标终端一定的原价货物配额，或者在涨价前给目标终端在一定时间内以原价进货配额，减少涨价阻力。终端其实对于涨价是又爱又恨，爱的是，如果终端有库存，涨价后，终端的利润便会大幅增加；恨的是，如果终端没有库存，那么涨价的红利便无法享受到，还要冒丢失客户的风险。所以为了减少阻力，增加终端的推力，涨价后，对目标终端给予一定的原价货物配额，或者在涨价前给目标终端在一定时间内以原价进货配额。

配额分配原则可以根据年度签约量、月均动销量、库存情况、季度配额情况等因素综合确定。

4. 做好涨价后的经销商利益分配

将年初批发市场价格设定在一定值，若年底批发价超出年初值，公司拿出一定的涨价利润进行经销商奖励，以刺激经销商提价稳价的动力。

5. 产品升级涨价

酒企对现有产品进行升级，一是产品外包装的升级，包括包装材质提升、防伪技术应用、设计优化等；二是产品内在的提升（酒质量的提升），包括酒质、口感、陈年酒、勾调方式、质量标准等。如天之蓝在 2018 年进行的涨价方式之一便是产品内在的提升，升级卖点为“特级原浆、陶坛存储、绵厚更顺喉”。

洋河是产品升级涨价策略运作的高手，读者去看看 2003 年的洋河蓝色经典系列产品，跟目前的产品相比，你会发现已经是天壤之别，完全是一个全新的产品。但是每一次升级都不会是全新的产品升级，变成消费者完全认不出来的产品，而是小步快跑式的渐进式升级。升级后的产品一定要有亮点，既然你要让消费者多掏钱，那么理由一定要给充分。

6. 控量提价

酒企控制产品供应量，通过供需规律实现产品的自然涨价。茅台、五粮液等一线名酒，由于品牌的不可替代性及自身渠道管控模式的特点，往往采取此类方式来管控市场价格。但是一般的酒企，由于产品可替代性较高，停货往往不能达到预期效果，反倒会有渠道客户、消费者流失的风险。

7. 缩减经销商折扣或渠道政策

缩减经销商折扣或渠道政策，都是减少渠道利润空间的方式。减少经销商折扣适用于渠道掌控力较弱、品牌流通性较强的知名酒企，如剑南春在某次对水晶剑的调价中便采取“随量折扣，减少 25

元/瓶”的方式。此类涨价方式风险较大。

8. 变换促销形式

将渠道促销方式由较易折现的物品，转换成不易折现的物品，如买酒赠烟/加油卡/购物卡，换成买酒赠实物等。

将促销主体由纯渠道促销，变成消费者促销为主、渠道促销为辅，直至取消渠道促销，完全消费者促销。

9. 价格双轨制

针对经销商/终端签订年度合作协议，约定年度任务量，任务量内货物按计划内价格执行，任务量外货物按计划外价格执行。这样可以使客户更加理性准确地签任务量，而不是敷衍了事。任务量签少了，货不够卖，需要高价进货；任务量签高了，任务完不成，拿不到满额返利。

价格双轨制可以提升货物的稀缺感，使客户能够有合理的库存，且库存压力大时不盲目低价出货。

这个方式需要酒厂具有极高的定力，不要一面临销售压力，便无原则发货。

10. 炒作瓶贮产品或老酒

瓶贮产品是指以包装生产日期作为年份酒计算依据，规定包装生产后贮存时间达一定年限以上的成品酒。瓶贮年份酒概念为泸州老窖国窖 1573 公司在 2016 年首创。

通过炒作瓶贮产品或老酒让渠道/消费者感觉到自己手中的产品每一年都在增值，可以增强产品的价值感。同时，也间接有利于提振渠道信心，渠道库存过大时，由于产品每一年都在增值，不至于低价清仓，对价格的提升有间接帮助。

11. 跟随性提价

行业领导者或同价位的主竞品提价，跟随同步涨价。

这个策略需要注意的是，一定要搞清楚竞品提价的核心意图及配套动作，有的企业可能只是明涨暗不动，如果贸然跟随提价，很有可能踩到雷。

附：2000—2018 年高端白酒三大代表品牌价格变动情况，如表 4 - 1 所示。

表 4 - 1　2000—2018 年高端白酒三大代表品牌价格变动情况表

公司	提价时间	提价产品	提价事件（元/瓶）	单品涨价空间（元/瓶）	提价幅度（%）
贵州茅台	2000 年	53 度飞天茅台	出厂价 185		
	2001 年 8 月		出厂价由 185 涨到 218	33	17.8
	2002 年		出厂价未涨	0	0
	2003 年 10 月		出厂价由 218 涨到 268	50	22.9
	2006 年 2 月		出厂价由 268 涨到 308	40	14.9
	2007 年 4 月		出厂价由 308 涨到 358	50	16.2
	2008 年 1 月		出厂价由 358 涨到 439	80	22.6
	2010 年 1 月		出厂价由 439 涨到 499	60	13.7
	2011 年 1 月		出厂价由 499 涨到 619	120	24
	2012 年 1 月		出厂价由 619 涨到 819	200	32.3
	2018 年 1 月		出厂价由 819 涨到 969	150	18.3
五粮液	2001 年	52 度水晶瓶五粮液	出厂价 248		
	2003 年 9 月		出厂价由 248 涨到 328	80	32.3
	2005 年 1 月		出厂价由 328 涨到 338	10	3
	2006 年 1 月		出厂价由 338 涨到 348	10	3
	2006 年 7 月		出厂价由 348 涨到 368	20	5.7
	2007 年 2 月		出厂价由 368 涨到 388	20	5.4
	2007 年 10 月		出厂价由 388 涨到 418	30	7.7

续表

公司	提价时间	提价产品	提价事件（元/瓶）	单品涨价空间（元/瓶）	提价幅度（%）
五粮液	2008 年 1 月	52 度水晶瓶五粮液	出厂价由 418 涨到 438	20	4.8
	2008 年 8 月		出厂价由 438 涨到 469	30	7.1
	2010 年 1 月		出厂价由 469 涨到 509	40	8.5
	2011 年 9 月		出厂价由 509 涨到 659	150	29.5
	2013 年 2 月		出厂价由 659 涨到 729	70	10.6
	2014 年 5 月		出厂价由 729 下调到 609	–120	–16.5
	2015 年 8 月		出厂价由 609 涨到 659	50	8.2
	2016 年 3 月		出厂价由 659 涨到 679	20	3
	2017 年 6 月		出厂价由 679 涨到 739	60	8.8
	2018 年 1 月		出厂价由 739 涨到 789	50	6.7
泸州老窖	2001 年 3 月	52 度国窖 1573 经典装	出厂价 288		
	2003 年 1 月		出厂价由 288 涨到 318	30	10.4
	2004 年 11 月		出厂价由 318 涨到 338	20	7.5
	2007 年 1 月		出厂价由 338 涨到 388	50	14.8
	2008 年 7 月		出厂价由 388 涨到 468	80	20.6
	2009 年 12 月		出厂价由 468 涨到 519	51	10.9
	2010 年 11 月		出厂价由 519 涨到 619	100	19.3
	2012 年 12 月		出厂价由 619 涨到 889	270	43.6
	2013 年 7 月		出厂价由 889 涨到 999	110	12.3
	2014 年 7 月		出厂价由 999 下调到 560	–439	–49.3
	2015 年 1 月		出厂价由 560 涨到 620	60	10.7
	2017 年 3 月		出厂价由 620 涨到 680	60	9.6
	2017 年 7 月		出厂价由 680 涨到 740	60	8.8

第三节 如何有效预防窜货

价格是产品的生命线，保价就是保命，有命才有未来，而窜货是价格体系的头号杀手，故几乎所有企业均将窜货作为头等大事来对待。但窜货是营销界的无解病毒，目前暂无一招制敌的妙招，但是我们可以采取系统的方式手段去预防和降低窜货的影响。

窜货，又称“倒货”或“冲货”，是分销网络中企业分支机构或中间商（经销商、分销商、二批商、终端等）受到利益的驱动，超出约定区域销售产品的行为，具体有如下表现：将企业产品销售至约定渠道以外的行为；从约定以外渠道进货的行为；不提供出货单或提供出货单条码不全，导致货物流向无法追溯的行为。

一、窜货的7种类型

医学上有句话叫作“对症下药”，所以我们遇见市场上的窜货问题首先不要惊慌，而是要搞清楚窜货的原因及类型，针对窜货的不同类型采取不同的措施，以便标本兼治。

1. 自然性窜货

经销商/终端在正常供货价格体系的情况下，货物流向自己辖区之外的行为称为自然性窜货。通常的表现方式有两种：其一，相邻辖区的边界附近互相窜货；其二，在流通型市场上产品随物流走向而倾销到其他地区。其后果是：其一，辖区边界区域二批商通路利润呈下降趋势，影响其积极性，严重时可发展为二批商之间的恶性窜货，或者引发二批商之间的低价抛售潮；其二，产品随物流走向流到其他区域，货量大时会影响该区域的通路价格体系，造成通路利润下降，从而影响渠道推荐积极性。

2. 良性窜货

企业在市场开发初期，有意或无意地选择了流通性较强的市场中的经销商，使其产品流向非重要经营区域或空白市场的现象，可称为良性窜货。例如，某白酒企业以长沙为核心区域，在长沙选择一家流通型经销商，结果该区域的产品销量40%流向湘潭、株洲等周边区域。其结果是：其一，在不增加企业额外营销成本的情况下，企业增加了销售额的绝对值；其二，提升了空白区域的品牌知名度及市场氛围，有利于后期企业的市场开发工作推进。

3. 恶性窜货

经销商为了牟取非正常利润或者为了冲量，蓄意向非经销权区域倾销货物。恶性窜货往往会故意涂改防窜标识（物流码、瓶码、外批、内码等），数量较大且低于公司指导价（低于被窜货市场同等批发价格）。

4. 非理性窜货

经销商之间因为某种恩怨（比如厂家换经销商），而互相窜货或者单方面窜货。这种窜货不是为了钱，就是为了快意恩仇。

5. 带货窜货

经销商或终端本意也不是为了窜货，而是生意做得较大，卖其他产品的同时顺带销售我们公司产品。另一种情况是，客户用畅销产品塑造自身的低价形象吸引消费者，用畅销的产品降价所形成的巨大销售力来带动其他如红酒等利润型的产品。

6. 换货窜货

经销商或终端之间由于背后资源不一样，动销产品能力不一样，造成了A客户不能动销的产品在B客户那里动销好，B客户卖不动的产品在A客户那里货不够卖，这时候双方一拍即合，以货换货。

7. 死货冲货

经销商由于某种原因不与厂家合作了，库存大量产品，厂家处理缓慢或者不处理，或者终端倒闭转行了，需要快速回笼资金，低价抛货。

二、厂家导致窜货的8种因素

经销商/终端窜货可能是由多方面因素造成的，但市场秩序的好坏其实更多在于厂家的政策及管控情况，经销商/终端更多的可能是顺势而为或者说被逼无奈。一般来说，厂家导致窜货的原因有以下几种：

1. 价格体系混乱

价格政策不统一，针对一些关系户或者部分客户存在低于正常供货价的情况，享受销售特殊价格的区域客户，由于各种原因，可能通过窜货增大销量。或者部分酒厂存在大量关系户或者皮条货物，出厂价低于正常价格。

2. 经销商返利政策过大或客户保证金设计不合理，甚至根本无保证金

针对终端收取保证金，尤其是非一线品牌，沟通成本较高，很多经销商，包括营销人员具有畏难心理，从心理角度就不愿意去麻烦，导致即便厂家明文规定经销商出库要收取保证金，仍然我行我素裸价出货。

3. 政策设计不合理或管控不到位，导致费用不落地

销售政策容易变现或折合进价格，原本投向消费者促销的政策变成了低价的武器，费用变成了产品价差。盲目通过不断增加销售政策投入来拉动销售额提升，比如品鉴会、赠酒，无管控。

4. 投鼠忌器，态度不坚定

一些中小厂家迫于业绩的压力，对于部分客户的窜货行为重视度不够，甚至助纣为虐，或者处罚力度不够，罚得经销商不疼不痒，没有威慑力。还有的厂家选择性执法，针对大户、关系户睁一只眼闭一只眼，只拍苍蝇，不打老虎。

5. 处理窜货的流程及机制不灵活

市场反馈相关窜货信息到公司，公司处理缓慢，一拖再拖，市场失去信心。或者相关处理窜货的流程及机制不符合市场实际。

6. 经销商利润空间过大

利润空间一大就会有让一点利没关系的想法，于是就有人想到了牺牲一点单位利润来增加总体利润的方法。可以这样说，市场与市场之间只要存在一定的价格差，且差价超过货物运费时，倒货就无可避免，就好像水往低处流一样。

7. 经销商库存压力超过其承受能力

厂家由于销售指标压力，不断给经销商施加库存压力，每次的进货量均超过其实际消化量，日积月累，形成庞大的库存堰塞湖。但正常库存消化，难以追上不断增加的厂家销售任务后，为了保住经销权，为了冲量，经销商只好铤而走险。

8. 部分营销人员为了短期利益助纣为虐

销售是一个以业绩论英雄的职业，无论考核形式如何变化，营销人员的收入与销售业绩挂钩是必然的。部分业务人员为了能够多拿奖金或者完成销售任务，鼓动经销商违规操作，甚至是与经销商联手操作，将原本用于市场开拓的销售政策变现，获取价格优势后，窜货完成销售任务。

三、预防窜货的 7 大动作

1. 运用二维码防窜货系统等科技手段防窜货

运用二维码防窜货系统等科技手段防窜货可以建立起科学严谨的防窜货系统，防窜货无死角，对窜货行为形成威慑。企业管理人员可以足不出户，在系统上了解到产品是否出现窜货现象及统计信息，为企业决策层提供科学严谨的依据和信息支持。同时，也可随时抽查商品销售的地区，更准确地把握市场动态，从而有针对性地进行销售策略调整。

利用随机加密技术生成随机加密数码，赋予每一件产品唯一的“身份码”，将身份码与经销商、分销商、终端等物流链环节关联。

市场稽核人员、消费者通过手持终端设备，通过扫描二维码查询商品信息（产品、销售区域等）。

消费者手机扫码后，通过定位系统与产品身份码匹配，一旦发现商品的查询区域与销售区域不同，系统自动记录并且通过电话、短信或网站方式提示管理人员，使企业及时了解何地有窜货现象出现及窜货源头，从而进一步采取措施。

目前五粮液已经在第八代五粮液产品使用相关技术。

2. 建立溯源体系

有句行话叫作“窜货无耻，被窜无能”，防窜货要打击窜货的基础点及核心点在于建立清晰准确的货物识别及溯源体系。否则外地的货物在本地市场满天飞，自己仍旧不能察觉。

溯源体系的核心在于物流码登记管理，即经销商的货物出入库，均登记物流码记录货物流向。这项工作不复杂，但是坚持做认真做却不容易。

同时，辅助明码、暗码方式，让货物更容易识别。

明码：利用瓶贴、文字、图形、字母、邮编、数字或这些图形文字的组合等标明销售区域，这样营销人员一眼就能识别是否自己本区域的货。

暗码：将编码隐藏在不易观察到的区域（如瓶盖内侧），或者做特殊的暗记。

3. 制定科学合理的经销商政策

窜货方面的经销商政策，核心做好三点：

一是一定要收取保证金，保证金分为两类，一是固定的品牌保证金，可以按区域也可以按产品固定一定数额存在那里，经销商不销户，保证金不退；二是产品保证金（随量保证金），也就是经销商每进一瓶均交纳保证金，产品保证金可以根据厂家运作模式及品牌力拆分为月度保证金、季度保证金、年度保证金。

二是制定严格的窜货行为惩罚条款，一旦确认窜货事实，绝不姑息。

三是经销商年度返利政策，讲究节奏力度，分批次支付。

4. 营销人员考核导向

“公司考核什么，员工便会去做什么。”很多窜货其实源自公司的考核导向，公司压营销人员，营销人员压经销商，经销商压下线客户，某一环节压不动时便会采取投机行为来完成任务。所以公司在营销导向上，要树立以动销为主、过程指标为辅的科学考核体系，而不是单纯以回款论英雄。

5. 建立合理的客户生态圈

区域内经销商布局合理、经销区域无重合冲突、经销商之间无不可调和的矛盾，经销商供货商原则上只能是一家。

新开经销商要做好充分的考察及调研，不要因为某一角度而片面判断。

6. 烟酒店渠道产品价格体系管理

烟酒店渠道窜货问题，核心在于价格体系的管控，这部分参照本书《烟酒店渠道产品价格体系管理》章节。

7. 适量的货源供应及科学的发货节奏

当市场上动销缓慢，货源过多时，控制发货节奏，待库存消化到可控水平时再发货。

畅销产品（流通性产品）实行配额制，一般畅销产品（流通性产品）会更有窜货的机会及可能，危害也会更大。如果企业 SKU 较多，那么对于经销商每月的进货品项就要进行一定的管控及限制。

促销产品一定要限时限量供应。促销最怕的就是时间过长，或者时间截止后仍发货，这样的后果就是促销时期的非正常产品价格变成了正常的市场流通价格。囤货的客户由于价格下滑无利可图，为了回笼资金或消化库存，往往选择低价甩货或者窜货来解决问题。

窜货问题最根本的还是利益问题，各项防窜货措施的立足点一定是让窜货的违规成本高于守规的成本，这样才能真正有效。企业对于防窜货手段的采用，要结合企业自身实际情况，多措并举，综合起来使用，打好组合拳，不断根据执行情况优化调整，最终形成一套稳定高效的防窜货系统，还市场一片蓝天。

第四节　中高端白酒常见促销方式

中高端白酒促销活动一般有五个目的：提升销量、推广品牌、深化客情、消费者沟通、打击竞品。我们要围绕核心目的来灵活地有侧重地制定促销方案。下面我们来看一看中高档白酒企业常用的促销方式有哪些。

一、盒内（盖）奖

盒内（盖）奖是一种比较原始和古老的消费者拉动方式，是徽酒军团惯用的策略，其好处在于每一瓶都能给消费者某种实惠，从而引诱消费者为了奖励而消费产品。尤其是百元以下价格的产品，盖内奖对于消费的刺激往往效果很明显。

对于成熟品牌而言，盒内（盖）奖是一种比较理想的促销方式，不过对于非成熟品牌而言效果相对较差。具体操作方式常为：在盒（盖）内放置刮刮卡，消费者刮开涂层即可知中奖结果。由于消费者中奖是不确定的，这类促销方式的好处，一是即使促销投入力度稍大，也不会影响价格体系，在不影响价格体系的情况下，让消费者得到实惠；二是消费者参与度高，马上知道结果，加强了娱乐性及体验感。

奖项设置大奖有手机、iPad、电脑、旅游、黄金等，小奖常为烟、高档打火机、水杯、剃须刀、烟灰缸、再来一瓶等实用物品。还有一种就是里面不放置刮刮卡，而是直接约定一个盖子兑换多少现金，如一个盒盖兑换 5 元或 10 元。消费者拿盒盖直接找终端兑换，企业给终端一定的手续费。盒盖兑奖的方式也可以是“集齐多少个盒盖兑换本品一瓶”的方式，这样可以吸引消费者再次消费我们的产品。

二、扫码中红包

最近几年随着微信的流行，扫码越来越成为一种流行，甚至某些人已经患上了扫码强迫症，很多知名酒企开始尝试“扫码中红包”的促销方式。

“扫码中红包”适用于品牌比较成熟，消费者购买多为礼品需求且对促销不太敏感的大品牌。早在 2014 年，洋河股份就适应形势变化，提出了“弱化渠道促销，强化消费者促销”的促销方式转变，开始尝试“扫码中红包”的促销方式，成为第一批吃螃蟹的人，并在这几年的主题促销活动中作为主促销活动。目前像泸州老窖、郎酒、十八酒坊等众多企业纷纷开展了类似活动。

三、消费者买赠活动

消费者买赠活动，即消费者购买一定数量某品赠送一定价值的实物或礼品，礼品可为水杯、香烟、餐券等物品，也可以是品鉴酒、小酒。剑南春的金剑南、银剑南在部分区域采取的就是买两瓶赠送一瓶本品品鉴酒的方式，在品牌不成熟区域及发展阶段，这种高力度的促销方式，对一部分消费者确实具有非常大的吸引力。

在礼品的选择上，成本不一定很高，但是一定要精美，要精致实用，让消费者感觉价值很高，物超所值。具体赠送的物品或礼品需要根据公司投入、消费者购买数量、消费者喜好等因素综合确定。

消费者买赠活动最大的问题就是促销品被截留，一直难以解决。

四、陈列奖励

陈列可以分为货架陈列、地堆陈列、箱皮陈列。货架陈列又可以分为普通陈列、专柜陈列。陈列奖励可以为现金，亦可以是某一款产品或实物，大多数酒企倾向于奖励产品。奖励产品既可以把货压到终端，挤占竞品空间，又可以在不减少力度的情况下减少企业现金支出。当然现金奖励方式的优势也是显而易见的。

洋河蓝色经典曾经在某区域采取终端陈列一个面，每月给予10元现金陈列费的模式，效果相当显著，在区域市场的消费氛围一下从第三跃居为第一。

产品陈列由于其高效的品牌展示效果，对终端动销显著的推进作用，因此绝大部分酒企会采用陈列奖励的方式做促销。另外，值得注意的是，为了减少陈列促销带来的折价效果，建议一定要回收箱皮。

陈列奖励的好坏关键在于执行及后期的维护，否则很容易出现虎头蛇尾的情况，花了大价钱，办的却是糊涂事。

五、渠道买赠

针对渠道的买赠活动是最原始最基础的促销方式，智慧的酒商已经把买赠无所不用其极，有进货送冰箱、洗衣机、空调、热水器的，有送啤酒送饮料送餐券的，也有送工业游送旅游的，可以说只有你想不到，没有酒商送不到的。可当所有人都在使用这种方式的时候，终端越来越对这类活动“免疫”。现状是不促不销，促了也不一定销，单纯的买赠促销会使自己的路越走越窄。

在动销缓慢时，终端容易将促销品折现，底价甩卖存货，直接导致产品价格体系的崩溃。洋河股份对这一点认识非常清楚，2013年之前公司针对渠道的促销都是很简单粗暴的，不是送加油卡就是送购物卡，可是近年来已经从送易变现物品过渡到不易变现物品，再到弱化渠道促销强化消费者促销，直至弱化所有促销。从洋河这几年的市场表现来看，可见转型是相当成功的，笔者觉得洋河的经验对于所有酒商都应该是种启发。

六、以制作店招、酒柜等政策促销

很多终端有制作店招、酒柜等物品的需求，为了节省费用，终端第一个想到的肯定是找酒商解决问题，这时候我们便可以进货作为条件。我们也可以有意识地去找终端，以制作店招、酒柜、灯箱等物料作为条件吸引终端进货。这种情况是双赢的，终端解决了自身需求问题，我们既做了品牌宣传又把货压到了终端。

当然，这种做法的前提条件是，该客户确实具有动销我们产品的资源及实力，而不是只进一次货，以后便老死不相往来。

七、抽奖促销

抽奖促销一般与其他基本的促销结合起来一起做，目的一是可以在一定程度上减轻对价格的冲击，加大了渠道力度，增加终端的兴趣；二是终端参与度高。值得注意的是，很多酒商在做抽奖促销活动时，为了照顾到进货量大的终端，往往把大奖内定给他们，笔者认为这种方式并不可取，因为中小终端老板都不傻，日后再想取得他们的信任支持就很难了。抽奖促销在品鉴会、答谢会也会经常用到，不过这时候的抽奖以活跃氛围，刺激进货为主要目标。

值得注意的是，虽然抽奖促销具有一定的随机性，终端变现风险相对较低，但是终端仍然有他们自己的套路。比如部分客户会冲

着大奖，尽可能地多拿套餐多进货（超出自身消化能力的情况）以获取更多的中奖机会，等抽完奖后，根据中奖结果低价抛售货物。尤其是赊销的情况下，这种情况更容易发生。

八、产品组合促销

如果企业不是采取宣酒、口子窖等大单品策略，那么在市场上的产品一定会有三六九等，有卖的量大可是价位偏低不赚钱的产品，有卖的量小却价位高利润很丰厚的产品。对终端老板来讲，会喜欢赚快钱越省事越好，愿意进货的往往就是卖得快的产品。所以这时候我们就需要通过制定产品组合促销政策来调整终端进货品项，促进各品项的长远发展。

通常情况都是一个系列成一组做促销，如进双沟珍宝坊一组（君坊×件、圣坊×件、帝坊×件）送云南旅游。

这些大道理大家都懂，关键在于如何设置各产品的比例，非畅销产品或高价位产品太多，有可能挫伤终端进货积极性，低端畅销产品过多又达不到预期目的。

九、包量返利坎级奖励

市场上成熟品牌为了维持自身产品优势，牢牢抓住终端，打击竞品，会与终端签订包量返利坎级奖励，即根据终端年度销售总量进行坎级奖励。奖励可以是现金，也可以是产品等实物。为了促进终端推荐积极性，实现资金回笼，在年度奖励的基础上往往还会增加半年度完成奖。参与包量返利坎级奖励的终端，往往还会有一些附加条件，如产品最低售价、陈列、店内氛围等要求。

笔者认为包量返利坎级奖励对于经销商效果不错，可是对于终端的促进作用有限，反倒有可能把自己的手脚束缚了。值得注意的是，如果给予经销商或者终端返利过大，极易出现客户为了高额返利，底价甩货的情况，所以返利一定要适度。在包量返利坎级奖励等明返政策的基础上，还可以延伸出暗返政策。暗返政策的目的是为了管控销售过程，返点多少需要根据终端库存、价格体系、新品推广、促销配合程度等情况综合确定。

十、提前回款奖励

为了提升终端销售我们产品的积极性，挤占竞品空间，加快经销商运营的现金流，终端提前支付货款，将给予一定回款奖励。如中秋活动前，终端提前一个月在经销商处预存10万元，除享受正常的进货政策外，还可以享受银行利息或一定比例的现金奖励。采取这种方式的经销商一定实力雄厚，经营年数较长，在终端很有口碑，同时经营的产品在市场有一定品牌氛围，不然终端不会买账。该政策进行一定延伸可演变为入股分红制，如终端入股10万元，年底享受保底×%的奖励。

十一、排名奖励

针对市场上累计销售前×名的终端及年度特殊贡献终端，除给予合同约定的奖励外，额外给予排名奖励。如第一名给面包车，第二名给60英寸彩电，第三名给电动车等。

为防止终端为了得奖励，竭泽而渔拼命压货的情况，必须设置一定条件：第一，库存不能超过一定比例；第二，窜货具有一票否决权，窜货的终端不能参与该活动。当然排名奖励不一定非得以年度为单位，以季度、半年或者某一特定时间段也可以。

十二、一桌式品鉴会奖励

核心终端一般有自己的圈子，产品销售以团购为主，为了增加客情让其主动推荐我们产品，也是为了让其团购客户认可我们产品，我们可以针对部分核心客户，在满足一定进货额度的情况下提供一桌式品鉴会作为奖励，当然一桌式品鉴会必须有我方人员在场。

若想节省费用，也可以只提供品鉴酒支持，不过要做好管控，不然品鉴酒很可能变成终端的利润，或演变成为低价的武器。

十三、人员助销奖励

核心终端进货达到一定额度，我们给予其促销员支持或者业务员在一定时间段驻店售卖。促销员在店内的情况下，对于销售的促进作用是显而易见的。终端为了留住促销员一定会想办法多卖产品，在一定时期内我们产品会成为其第一推荐产品。

该方式变通一下，还可以给终端老板娘发工资，如终端销售某产品 100 件，一个月给予 600 元暗促工资支持。

十四、配送费奖励

成熟产品在市场上往往会形成很多二批商，二批商自己掌控一定的网络资源。成熟产品的一个显著特点是利润薄如刀片，长此以往，二批商可能慢慢地对产品丧失信心，投向竞品怀抱。针对这种情况，我们可以设置配送费奖励，如终端配送一件某产品奖励配送费 × 元，具体力度需要根据产品特性、价格等因素综合确定。

“兵无常势，水无常形，能因敌变化而取胜者，谓之神。”促销方式从来没有最好的，也没有最坏的，只有合适的。企业根据自身产品特点、企业运作模式、团队管控能力，市场情况及条件变化制定适合的促销方案才是最好的。**同样的促销方式，稍微改变一下关键点及过程，产生的结果可能就会完全不一样，所以在确定促销方式时一定要学会实事求是，因地制宜，尤其是注重阶段及力度的掌控。**

第五章

烟酒店渠道管理

第一节　名烟名酒店渠道特性分析

名烟名酒店的诞生是市场容量扩张，渠道逐渐细分的产物。1988 年全国各地放开名烟名酒价格，实行市场调节。1988 年左右，名烟名酒店从河南许昌、商丘等地开始发展，并向外拓展。1989 年，白酒行业取消国家专卖。名烟名酒店之前由于利润高、门槛低、投入资金相对低、操作简单的特点，大量人员涌入名烟名酒行业。2000 年前后，名烟名酒店开始迅速发展，2002 年左右开始遍地开花，并迅速向全国发展蔓延。

目前在全国大部分区域，名烟名酒店成为酒类销售的主流渠道、第一渠道。但是，在 2012 年之后，受到国家政策及行业大环境的冲击，烟酒店的发展逐步放慢，部分不适应行业变革的名烟名酒店被淘汰出局，在开店成本较高的区域（如北上广深等地）出现关店潮。

一、名烟名酒店经营特点

1. 经营模式为品类商，品牌忠诚度低

名烟名酒店的生存环境及营销模式决定了它不可能钟情于某一

个品牌，它不是品牌商，本质上是平台商。哪个产品促销力度大，他们就敢压货；哪个产品利差空间大、品牌还过得去，他们就同价位主推哪个产品。而只有他们用真金白银进货的产品，他们才会上心，上心的产品才能更好更快动销。

很多业务人员觉得自己和烟酒店关系不错，客情很好，其实很多时候是“假象”，所有关系的前提，更多是业务人员后面代表的品牌所能给终端带来的利益。

2. 股东单一，以夫妻店形式居多

名烟名酒店以两口子开店居多，部分情况下，也会让父母、兄弟等亲戚投资或看店。除公司化运作的名烟名酒店，或连锁性质的名烟名酒店，一般外人很难介入。

3. 背后客源相对稳定

在目前行业环境竞争激烈及利润空间极大压缩的情况下，能够存活的名烟名酒店和近几年新开的名烟名酒店一般都具有相对稳定的客源，且与客户的互动、沟通、联系往往相对紧密。但是烟酒店客源的范围及广度要远远低于酒店、商超、连锁酒行等终端。

4. 终端对团购关系网络影响力强

团购网络、社会关系网络是名烟名酒店终端生存和发展的根本之一，其亲戚朋友或者本人就是该圈层的核心，故对于背后圈层有较强的影响力和辐射力。

二、名烟名酒店分布特点

1. 酒类产品批发市场，形成商业集群效应

受限于物流、信息、资金、运作模式等原因，在酒水市场发展前期，往往形成酒水批发市场（如深圳的湖贝路、湖南的高桥批发市场、河南的华中批发市场），以方便货物的采购。很多大商从早期酒水批发市场大户转型成酒水经销商/代理商。

2. 客流较大的临街店

以零售为主的连锁酒行，往往会选择在地理位置好、客流较大的临街位置开店。

3. 餐饮（中高端酒店）周边

当地的星级酒店、特色酒店等旺销酒店能带来极大的客源，在酒店为主流销售渠道的时期，很多名烟名酒店会倾向在其附近开店。在餐饮周边开店优势是显而易见的，优质的客源能够带动店内其他产品的销售。

4. 靠近当地行政中心

行政中心由于其特殊地位能够带来很多高端人群，在酒水发展的黄金时期。很多名烟名酒店开展烟酒回收、礼品回收等业务。

5. 商业广场或者高端社区附近

装修往往较为上档次，能够给人良好的视觉感受及信赖感。

三、名烟名酒店盈利模式分析

绝大部分名烟名酒店的盈利无外乎来自于两方面：一是价差；二是厂家市场支持或者补贴。当然也有厂家在部分区域推行厂商联营混改模式，但是还未成为主流，故不单独讨论。

从长期来看，名烟名酒店稳定的利润来自于核心团购客户的维护及拓展，为此其会采取保持产品价格优势、推荐客户不反感产品、持续客情投入等措施。同时，很多名烟名酒店也会对消费者价格敏感的知名品牌，故意低价销售，以吸引消费者。

从短期来看，名烟名酒店会尽量把资金投往流速快、厂家活动力度大的品牌产品，以获取价格优势。同时，会在一定时期重点推广一些价格不透明的知名品牌非主流产品，以提高单瓶利润空间。

四、名烟名酒店销售产品特点

名烟名酒店从资金安全及回报率角度考虑，往往**倾向两类产品：**

流通产品、高利润型产品。

对待流通产品，名烟名酒店往往是又爱又恨，爱的是此类产品有稳定客户，能够快速周转，带来现金流，也是与客户沟通的桥梁。恨的是价格透明，利润逐渐萎缩，且一不小心卖错价很容易得罪客户，所以店老板往往不会主推这类产品。

对待高利润产品，名烟名酒店主推的产品往往是那些有品牌知名度，无产品知名度的产品，这也是为什么那么多专营产品、贴牌产品能够存在的理由之一。

五、名烟名酒店渠道操作四大误区

1. 陈列治百病

不分市场情况及品牌发展阶段，盲目地耗费大量资源做几个专柜陈列性质的陈列，或者把陈列作为产品压货的主要手段。

陈列到期后，产品不动销，陈列期间进货的产品往往成为砸价、窜货的源头。很多中小企业便是被高昂的陈列费用拖垮的。

中高端酒类产品从动销到畅销的关键是消费领袖的培育、稳定的价格体系下的利润空间。终端不会因为做了陈列，就会主推我们产品。大部分终端做陈列的核心目的是为了保持价格优势。

对于厂家而言，陈列的核心目的一是品牌展示、氛围营造；二是给予终端利润补充的手段。随着竞争的逐渐白热化，以及消费者消费习惯的转变，**终端目前做陈列更多的是直接将陈列费用折合进产品进价，以获取价格优势。所以目前阶段陈列不仅没有起到应有的效果，反倒成了产品批发价格低迷的重要原因。**

2. 终端推荐置之不理

虽然很多终端老板是开店十几年二十几年的老江湖，可是一个很普遍的情况是，大多数人是不知道如何去推荐产品的，推荐语往往平淡无奇，如“这个产品很好喝，品质好”“这个产品也是大品牌”等苍白无力的用语，所以很多时候推荐往往不成功，长此以往，终端也就没有推荐的动力了。**我们不仅要把货卖给终端，更要教会终端如何去卖。**

我们要把我们的产品提炼出独特卖点或概念，然后不断在各种场合使用，让终端能够脱口而出，让核心卖点烙进消费者心里。如中国三大高端白酒之一的国窖 1573 的卖点，可以概括为“浓香国酒 · 国窖 1573—1573 国宝窖池群酿造，你可以品味的历史”。

3. 高利润代替消费者建设

很多企业做市场往往简单粗暴，就是尽可能地做促销做买赠满足终端利润需求，有的业务人员甚至协助终端作假套取费用，寄希望于用高额的利润空间诱导终端去主推。

做促销给政策确实能够起到立竿见影的效果，但是销量不断增加的根本还是在于产品的持续动销，而产品的持续动销来自于消费者对产品品牌、品质的认可。消费者的认可不是从天上掉下来的，是需要我们不断地用资源变成各种营销方案去沟通的。终端老板的推荐只能是产品动销的冰山一角，更多是冰山下面的消费者建设。

4. 铺货率越高越好

铺货率指在所在区域的零售商总数中，有多少家零售商在销售本公司的产品，这些已经铺入产品的零售商占零售商总数的比例即是铺货率。在目标网点，产品铺货率的高低直接决定了品牌在市场的生命力及发展潜力。

新品上市或者新市场开发时大家想到的最常干的事情就是大力度铺货，追求 100% 的铺货率也是所有区域负责人的不懈追求。可是产品铺货率真的越高越好吗？不见得。假如我们把全国所有的早餐店都铺上国窖 1573，国窖 1573 的动销也不会因此而突飞猛进。那么怎样的铺货率是合适的呢？

关键在于匹配，要与品牌调性匹配，要与品牌在该市场的发展

阶段匹配，要与品牌在区域市场阶段重点工作匹配。满足匹配条件的铺货率，才是越高越好。

第二节　核心烟酒店运作

烟酒店目前遇到三大严峻挑战：一是严控三公消费的常态化等因素导致原先占据一大半的销量断崖式下滑，且目前开发新的团购单位难度相当大，行业形势整体低迷；二是烟酒店店面数量呈饱和状态，烟酒店几乎随处可见，激烈的竞争使原先一瓶酒可以赚几十元甚至上百元利差，变成现在一瓶酒赚几元便可以甩卖；三是电商、O2O、连锁店等新兴渠道的发展抢走了相当一部分消费群体。另外，烟酒店还面临着房租、税费、人工等营运成本的逐年增加，白酒企业和经销商不断进行销售模式变革，加大渠道精细化运作，如自己开发团购客户，运用电话营销，自己建网络平台直面消费者等问题。总之，烟酒店目前的日子相当不好过，不过烟酒店作为目前白酒销售的主流渠道的定位仍未改变。

烟酒店渠道实现销售主要分为四种模式。

第一种，零售。占比较小，特别是中高价位产品，零售略高于团购价，同时由于零售在店老板心里是“一锤子买卖”，很容易售出来路不明的产品。

第二种，企事业单位购买。店老板自身具有较强社会影响力或自身亲戚是消费领袖，能够带来稳定的客流；店老板通过自己的经营技巧及努力把尝试性购买客户变成自己的“铁粉”。

第三种，批发（分销）。店老板经营时间比较长，在之前经销商配送能力不足的情况下，自己主动去开发网络，日久天长形成了自己的渠道网。

第四种，宴席。配套销售香烟、红酒、饮料、礼品等，现在很多烟酒店采取酒类产品不赚钱，通过其他配套产品赚钱的模式。

烟酒店的生存环境及销售模式决定了烟酒店老板具有这样的心理：80%以上的店家奉行畅销品牌薄利多销，只要不亏本便卖的政策，导致畅销成熟品牌消费者成交价逐步降低，利润空间薄如刀片；做销售不做品牌，赚多品牌钱，哪个利润高便会主动推荐哪个，毫无品牌忠诚度可言；把所有销售政策折合成价格，然后在成本价基础上加一定利润便销售；不接受约束，不愿被管理等。

“知己知彼，才能百战不殆。”前面我们搞清楚了烟酒店面临的问题及相关心理，接下来谈合作说管理，我们才能有的放矢。

一、合作的四种层次

业务员拜访终端会经过四种状态：无话可说、尽说套话、正常说话、无话不说。我们与烟酒店的合作状态也可以分为四种层次：补充产品、陈列展示、核心联盟、专卖。

1. 补充产品层次

店内的小角落里，稀稀拉拉放几瓶我们的产品，产品上厚厚的灰尘，除非消费者点名要我们产品，非我们产品不可，否则从来不会主动推荐。这种状态要追究业务员的责任，限期整改。

2. 陈列展示层次

按照二八法则做市场的原则，选取市场中影响大、销量好、档次高的终端做专柜陈列及地堆陈列，其他有效终端做普通陈列。所有终端都做好终端氛围的营造工作。

3. 核心联盟层次

选取市场上团购资源丰富，以销售中高端白酒为主，不窜货不售假，认同公司产品且把我们产品作为主推的烟酒店作为核心联盟店来运作。

4. 专卖层次

将核心联盟店进一步打造成专卖店性质的烟酒店，是我们运作烟酒店渠道的最终目标。**专卖层次有三个简单要求：第一，我们产品店内推荐率第一，单店销售额第一，且占单店销售额的比例不能低于50%；第二，强势的终端生动化陈列，具体要求是至少占据50%以上的陈列面；第三，强势的终端生动化，店内的吊旗、推拉贴、海报、KT板、展架和店外的门头广告、灯箱广告等宣传形式必须是我们产品。**

二、核心店的投入与支持

核心店肯定不是天然生成的，而是靠我们用政策用投入一步步诱导培养而成的。我们具体可以采取哪些政策及支持呢?

1. 生动化陈列支持

生动化陈列有十八种原则，把三条做到极致，便是无敌，即**全品项陈列、最大面积陈列、最佳位置陈列**。随着竞争的白热化，陈列费用已经成为终端的一项重要来源。陈列一定要和销量挂钩，不然终端容易“挂羊头卖狗肉”，费用是我们的，销量却是别人的，还有可能出现陈列期结束后终端底价甩货的情况。核心店可以考虑排他性陈列，以打击竞品。

2. 店面装修支持

变相奖励，既不乱价，又挤占终端库存。通用的做法是以产品置换装修费。我们花多少装修费，提前让广告公司报价，客户按报价进一定比例的产品。如装修费是1万元，客户进1.5万元货物。我们还可以附加一定的具体条件，如陈列位置、陈列柜、氛围等项目。另外一种是厂家直接以现金形式报销。这种方式以现金流比较强的大厂居多。既然涉及现金，具体的要求便会更严格，标准可以参考公司的专卖店、旗舰店政策。

3. 门头牌支持

门头牌支持类似于店面装修支持，不过由于门头牌具有高效的宣传效果，进货比例可以适当降低，部分十字路口等核心地段甚至可以考虑免费制作。

4. 协销人员支持

选择核心店，派驻品牌促销员（协销员）。公司给予基本工资支持，经销商负责销售提成。派驻协销员好处很多，一是核心店为了留住促销员肯定会尽量推荐我们产品，提升终端销量占比；二是终端的陈列、宣传物料可以得到第一位置；三是可以使客情迅速升温；四是家宴、促销、动销情况等市场信息可以得到准确及时反馈。

5. 团购行为支持

大力支持核心店的团购行为，**一是团购赠酒支持，**针对一部分团购销量占比大，各方面条件合格的核心店，给予一定的团购单位赠酒支持，前提是必须提前进行名单制申请，而且我方人员必须参与；**二是一桌式品鉴会支持，**核心店提出申请，我方参与实施。或者特殊情况，我方不方便参与，可以直接支持品鉴用酒；**三是宴会活动支持，**针对核心店可以出台一些特殊的宴会政策；**四是消费者关系构建，**如以单一核心终端背后消费者为单位开展回厂游、周边游等活动。

6. 销售返利政策支持

销售返利即核心店在一定时期内销售额满足一定条件给予一定奖励，奖励可以是现金也可以是实物。**值得注意的是，返利不能过大，返利过大极易造成价格下滑，过小则失去吸引力，掌握里面的平衡点极为重要。**销售额统计在时间上可以按年度、季度、月度划分。销售额既可以按金额确定，也可以按件数计算。如安徽某酒企某次返利政策设计，在阜阳地区核心店：年度金额任务分 2 万元、5 万元、10 万元、20 万元、30 万元五档，10 万元以下是 6～7 个点，10 万元约 10 个点，20 万元以上 15 个点。返利以现金加酒水的方式兑现，各市场根据具体情况调节。在合肥地区核心店按年度件数 100～300 件任务，最高15%返点，按季度完成量返还。

7. 团购单位开发及维护支持

核心店针对需要公关及维护的团购单位，我们可以根据情况给予各种支持，如办公用品、电脑等高档促销品，针对关键人给加油卡、购物卡等。

8. 模糊返利支持

在增加核心店利润的同时，为了更好地管控核心店行为。事先不告诉终端返利的标准及金额，事后根据客户合作情况给予奖励。

9. 客情礼品支持

一般礼品可以是打火机、抽纸、雨伞、毛巾等，高档礼品可以是剃须刀、指甲剪、平板电脑等。

10. 阶段性促销活动支持

核心店可以享受特殊的阶段性促销活动。

11. 事件营销支持

终端动销已经成为大多数终端的老大难问题。如何从一件为单位卖酒，到十件、百件为单位卖酒？事件营销活动便是可落地方式之一。如某终端与A商会联系密切，A商会有年会需求，在满足一定条件下，我们厂方便可以考虑进行有回报的赞助。

12. 核心客户联盟体

成立区域核心客户联盟体，大家享受整体的大盘利益，实质是变松散的合作关系为休戚与共的股东关系。

以上的支持政策其实很多企业也在做，可是各个企业的效果却是不尽如人意，**成功的关键，便在于系统性地推进及细节的把控。**

三、核心店的管理

与核心店合作的三大基础，一是安全，二是利润，三是服务（客情）。但是这三项因素能使合作保持一时，能否“白头偕老”，最终在于管控。**管控什么？核心点也就两条，一是价格，二是行为（即是否窜货、售假等）**。具体的管控措施也是围绕着这两项来开展的。

那么影响价格的因素有什么呢？价格标杆建设不到位，如价格标签放置不到位、经销商出货价不统一；窜货产品满天飞；假冒山寨产品混淆视听，反客为主；促销政策不合理，容易将促销品套现，折合进产品进价，从而低价甩货；返利模式有缺陷，容易钻空子；政策投入阶段和力度没掌控好，政策被截留或套取或者投入过大。知道病根后，接下来就是对症下药了。

1. 价格管控常抓不懈

首先要从思想上高度重视价格管控问题。价格是产品的生命线，亦是市场的生命线，更是企业的生命线。消费者、渠道都是买涨不买跌，价格一旦下跌，其影响往往是致命的。所以我们经常说“保价便是保命”。

为此必须做好四件事情：

（1）全面做好价格展示工作：统一价格，统一展示。虽然这一点看起来很简单，可是很多企业做得并不是很透彻。

（2）做好价格标杆的“定海神针”作用。首先，经销商的出货价格一定要统一，经销商团购价格要高于核心店售价，经销主动做价格标杆，后面广大的烟酒店才有合作信心；其次，业务员在终端拜访过程中要注意去引导终端调整价格，而不是为了所谓的客情听之任之。

（3）实行价格倒扣制或者平进平出制，核心店高价进高价出，通过返利或者其他支持获取利润。返利原则是“小头在前，大头在后”。违规则扣除其返利，并进行控货和整改。同时设置好最低售价，执行刚性价格，采取特殊顾客侦查，触碰价格红线的必罚。

（4）“控量保价”做促销，制定促销政策时一切从长计议，在

销量与价格之间做好平衡。当然，在市场不同发展阶段采取的促销策略可能略有不同。市场导入期，产品知名度差，消费者对产品品质缺乏认识，老板推荐起关键作用，同时网点铺货率及核心网点量过小，这时的促销政策更多倾向于对烟酒店老板促销，力度也可以稍大。市场成长阶段，市场基础逐渐夯实，品牌知名度得到提升，消费者对于产品逐渐认可，产品动销加快，这时消费者的拉力作用逐渐增强，促销时促销政策要加入消费者。市场成熟阶段，品牌知名度、美誉度空前提高，品牌深入人心，消费者形成惯性消费，终端很多时候不得不卖，这时促销要以消费者为主体，烟酒店为辅，同时促销要定点、限时、控量，营造产品稀缺热销氛围。

2. 产品流向一清二楚

供给核心店的产品每瓶喷码扫码，每箱滚码，做好暗记，使货物流向一清二楚，使外地产品一入市场便能被发现，一旦出事，谁的货谁就得受到惩罚。这样可以使终端减少侥幸心理。

3. 保证金制度有备无患

资本天然逐利，没有利益上的管控，终端便会动歪脑筋，为此核心店必须按照级别交纳一定保证金。想要赚钱必须按照我们制定的游戏规则来，否则“违者必究，违者必罚”。**保证金只是一种约束手段，不是最终手段，执行前期可能终端有一定抵触，但是保证金的收取一定要手硬，不能手软，否则前期的所有工作都有可能功亏一篑。**

4. 任务分解压力适度，细化至季度/月度

针对核心店做好销售考核机制，以月度或季度合理分解年度销售任务，在费用投入上与分解的任务完成情况挂钩，使核心店库存始终控制在合理范围内，降低底价销售的风险，同时也可以使费用效率发挥到最大化。

5. 强化督查常备不懈

无论多好的政策措施，没有人去执行都是一句空话。执行到位，

才能效果到位，必须营造一种“事事有人管，人人被监管”的督查氛围，使人人常怀敬畏之心，从而使核心店正常运转。**具体来讲，首先，公司要建立高效的督查队伍，时时下市场抓坏人；其次，各级经销商要高度重视督查工作，老板本人便是督查第一责任人；最后，把网点跟业务员考核挂钩，终端出事，业务员同样要接受处罚。**

6. 空口无凭，协议为证

对于顶风犯事的坏人，我们必须严惩，以儆效尤。签订协议，盖章签字。**协议中定好原则，谈好利益，说明权利，约定责任，明确处罚。**这样核心店犯错误的时候，我们便能依约处罚，核心店也能心服口服。

第三节　烟酒店渠道产品价格体系管理

对于绝大多数酒厂而言，烟酒店渠道仍然是企业的主流渠道，承担着70%以上的企业销售压力，所以烟酒店渠道运作的好坏直接关系着企业业绩，甚至是生死。而价格是产品的生命线，烟酒店渠道产品价格体系管理直接决定了产品的生命力。许多曾经风光无限的产品，正是因为价格体系的破坏而销声匿迹。

一、烟酒店的价格形式

标签价：挂牌价格。

团购价：一次性购买数量较大时的价格。

瓶售价：买一两瓶的价格。

箱售价：整箱购买时的价格。

宴席价：产品用于宴席的价格。

内部调拨价：烟酒店之间内部调货的价格。

二批价：小店从二批商那里调货的价格。

开票价：需要开发票时的价格（表现形式为两种：一种是售价直接含税费；另一种是产品裸价+税点）。

不开票价：不需要开发票时的价格。

价格再多不可怕，关键是要控制好产品价格底线，即终端的进货价格。

二、终端砸价的主要原因

1. 产品价格虚高，利润空间过大

这类情况一般出现在刚进入市场的品牌或者中小品牌上。刚进入市场的品牌（甚至是部分知名品牌）为了快速启动市场，前期市场导入阶段采取大力度投政策的模式吸引终端进货。中小品牌由于市场掌控能力不足，人员服务不到位，往往采取大力度投政策，塑造惊人利润空间的方式运作市场，终端进货价格远低于正常进货价格。即便终端低价甩货，仍会存在一定利润。

2. 产品动销速度慢，库存超过其承受能力

受消费者需求降低或减缓（如固定消费该产品的单位或者消费者流失）影响，产品动销不畅；或者产品推广受阻（消费者产品认知根深蒂固，不愿意转换产品）。产品动销速度较慢，终端为了回笼资金，往往倾向于低价甩货。尤其是对产品动销速度有较高要求的批发型终端，更容易低价抛货。

3. 促销力度过大，低价冲量

如厂家设置促销活动坎级奖励过高，终端为了得到更高级别的奖励，厂家人员为了任务指标往往也倾向于引导终端压更高坎级货物，故终端往往进货超出自身团购消费量，其余的量则通过低价分销快速处理。

4. 费用套现，低价抛货

终端将厂家支持的品鉴会、旅游、促销品等变现，从而低价抛

货，快速回笼资金。

5. 周边同类门店较多，低价吸引顾客，或者知名产品走量，搭配红酒等高利润产品

终端将知名产品、流通产品低价走量，给消费者留下本店价格优惠的印象，从而扩大客源，通过其他高利润产品赚取利润。

6. 厂方人员维护不足，终端根本不知道产品卖价

7. 市场假货横行，扰乱价格秩序

8. 窜货严重，价格体系不稳

三、价格体系管控方法

1. 对恶意砸价的终端，要坚决终止合作

区域人员要有战略高度，坚决不与恶意砸价的终端合作。

2. 利润空间优于主流竞品，保持合理利润空间

价格体系的设置要参考主流竞品，利润空间优于主流竞品，保持合理利润空间。**不要试图通过渠道暴利来代替市场建设。**事实证明，暴利产品的生命周期极为短暂。尤其是在信息高度透明的今天，高暴利更是不可能。有条件的区域一定要收取终端保证金。

3. 市场运作循序渐进，不要试图通过大力度促销来非常规发展

针对渠道终端的促销，要在一定时期内保持稳定，不能一遇到市场压力，便投入更大的力度。同时，要逐步地弱化渠道促销，转向消费者促销，最终发展到没有任何促销。

4. 终端网点的合理布局

产品选择性导入与自己品牌定位、品牌发展阶段相符的终端，不盲目贪大求全，片面追求铺货率。同时，在部分区域要考虑到网点之间的竞争性，有的时候必须要忍痛舍弃一部分终端。

5. 动销为本，一定要帮助终端尽快动销

产品只要有动销，终端便会有信心，“信心比黄金更重要”，有了信心，低价抛货的概率便会大为降低。**提升动销最核心要做到三点，即三个第一：第一陈列、第一认知、第一推荐。**

6. 与终端建立良好的客情

与终端老板及关键人员保持良好的客情关系，既是商业合作伙伴，更是朋友关系。与终端进行良好的沟通，树立其对价格的信心。

7. 终端进销存管理，使终端库存量与自身消化实力匹配

针对终端建立详细的数据库，掌握其货物流向。针对终端建立科学的终端进销存管理制度，尤其是日常拜访终端时定期做好库存盘点，对终端库存变化保持敏感。当终端要求的进货量超出其自身消化实力时，要能够经得住销量诱惑，不要为了短期效益，而牺牲掉长远利益。

8. 终端费用落地性，力求100%

针对终端的各类支持，一线人员把好关，不允许出现套费用的情况，比如厂家本意用来支持终端做后终端培育的回厂游、消费者赠酒、品鉴会等。

9. 促销政策设计，降低变现概率

首先，坚持促销品不易变现的原则，如加油卡、购物卡、香烟这类促销品不允许使用；其次，尽量不使用流通性强的酒品作为搭赠品，尤其是本品；最后，促销品分阶段配送，等终端动销完前一批次货物，再配送新一批次的货物对应的促销品。

业务人员在促销活动期间，及时记录货物与促销品的消化情况，有异常的第一时间处理。

10. 终端激励滞后奖励

原则上，在终端动销完，无相关库存后再进行奖励。

四、价格体系监控方法

1. 每月定期对目标终端进行价格抽检，采取直接购买的形式

2. 业务系统反馈

业务团队整天在市场上，价格信息来源较广泛，业务人员对价格的抱怨不可全听，也不可不听。

3. 周边客户反馈

相邻的店由于竞争关系，往往对对方的价格较为敏感，也会吐槽投诉对方的价格情况。我们要辩证看待这类反馈，很多信息难免有所夸大。

4. 下游客户反馈

通过直接拜访目标终端的下游客户，旁敲侧击了解其价格执行情况。

5. 直接询问目标消费者

第四节　铺货政策设计

目标终端进店率的高低，直接决定了品牌在市场的生命力及发展潜力。本节总结终端铺市常见的11种方法，分享给大家，起抛砖引玉的效果。

一、陈列进店（陈列返酒）

营销无非就是两件事：一是把产品铺到消费者心里；二是把产品铺到消费者面前。陈列做的便是第二项工作，陈列的好坏直接影响产品的后期动销情况。通过陈列进店也是大部分酒企首选的方式。陈列面当然是“韩信点兵，多多益善”，可是企业受制于费用问题，

不可能每个终端都做垄断性的陈列，所以必须有所取舍。建议核心店采取专柜陈列的方式，而普通店的陈列面不能低于 12 个，低于 12 个面将会极大降低陈列的效果。

有人统计陈列的原则有十八项之多，笔者认为实用高效易执行的原则就是“全品项陈列、最大面积陈列、最佳位置陈列”。陈列时间不宜签太长，一个季度一签约为宜。这样一是可以合理取消与无效店的合作；二是可以根据实际效果情况进行一定调整。最后，至于具体进多少货做专柜陈列，需要区域经理根据品牌基础、市场基础、终端接受程度及预期产生效果来综合确定，这里不再赘述。

二、陈列进店（现金陈列）

如今白酒竞争白热化，很多终端已经不再对陈列送酒感兴趣，尤其是对于大企业新品或者是品牌力相对弱的区域性产品更是如此，所以我们还可以采用现金陈列方式加快陈列推进速度。由于是现金陈列，终端风险小、收益大，故终端接受度相对较高，这种情况，酒企对于终端的选择及管控可以更严格一点。

除第一条谈到的陈列送酒需要注意的几点之外，还有几点建议：一是陈列费应与任务达成率挂钩，按任务完成进度按比例给予陈列费；二是陈列网点不宜过多过滥，应该精选核心店（有影响力、销量大、位置好、形象好的店）；三是可以与店内的氛围结合，如参加活动的终端，店内的 KT 板、柜眉、海报等宣传物料必须换成我们产品的。

三、回收箱皮，箱箱有奖

通过回收箱皮给予终端额外的利润奖励，可作为阶段性的促进政策，我们可以根据实际的市场情况调整政策或取消政策，效果相当于阶段返利。这样既可以增强终端销售我们产品的积极性，还可以迫使终端增大我们产品在货架的陈列面。需要注意的是，公司或经销商一定要对需要回收的批次箱皮做好特殊的标记，以免与常规产品弄混或者被轻易伪造。

回收箱皮还有个好处，就是可以有效降低终端的窜货概率，也在一定程度上减少了低价销售行为。

四、赠送实物进店

赠送市场上的畅销产品进店也是一个比较通用的选择，如进一件白酒送×件啤酒等，也可以设定一个稍微大一点的数量，赠送其他比较有诱惑力的实物，如进×件送冰箱、空调、彩电、电动车等。

五、带消费者实物促销进店

带消费者实物促销进店，本质上也是买赠的一种，不同的是通过给予消费者利益加快终端动销。动销加快，终端利润自然增加，如本次进货，享受每两瓶带一个高档玻璃水杯政策。

六、进货送促销员或协销员

大一点的终端一般人流量大、业务繁忙，如果我们能够派驻促销员去店里帮忙整理货物，招呼客人，协助售卖，终端自然求之不得。由于促销员成本比较大，自然进货额度要求比较高，故这种进店方式一般大店才能接受。

七、包量返点给预期

包量返点是指在约定期间内，终端店累计达到一定销量或销售额而给予终端约定的奖励（含返现、赠酒、赠物、授牌等）。这样既可以让终端立即进店得到眼前利益，又可以在预期的利益诱导下多卖货。具体的坎级及奖励，根据市场情况分层级制定。

八、氛围营造进店

大部分消费者购物的目的性并不是那么强，很多时候是受到终端环境的影响而随机性购买，比如我们去逛超市，往往起初计划是买瓶水，最后出来的时候可能拎了一大包卷筒纸。通过给终端做氛围进店，我们既可以实现产品进店，又可以加快产品动销，是一箭双雕的好策略。

比如我们可以和终端约定，终端的门贴、推拉贴、柜眉、店内KT板、海报、包柱等宣传物料全部换成我们的，我们在一定时间内给予一定产品或实物奖励。

九、门头牌更换进店

不知大家有没有发现一个现象，一个市场门头牌最多的品牌往往是当地销量数一数二的品牌，是巧合吗？不是，其中有着内在规律。一块彩钢瓦门头一般两三千元，铝塑板也就一两万元，投入比较少，一般却可以保存两三年，同时其广告效果及性价比远比纸媒、公交车、公交站牌、户外大牌等要好。可以说门头牌是性价比最高的广告宣传形式。

对于位置较好的终端，我们可以免费制作门头牌；对于位置一般的终端，我们可以约定一个双方都能接受的进货比例，如制作费1万元，终端进货1.5万~2万元等。

十、连环诱导法

这种形式因为是事后额外给予终端超预期利润，故对其的诱惑力相当大。如果我们采取这种形式，必须提前设计好价格体系及力度，不然可能会亏得很厉害。

先和终端老板沟通，让终端老板进一件货（或×件货），待终端老板销售到一半及以上时，再次沟通，如果在一个月或约定的其他时间内销售完毕，便将第一件（或×件货）进货产品的货款退给客户或者给予其等额的其他物品，但要求客户再进×箱货（具体根据终端的承受能力确定）；在客户将第二次进货产品销售到一半及以上时，出台更具吸引力的更大量的政策。这样一步步诱导终端销售我们产品，最终让我们产品成为其主推产品。

需要注意的是，每次的额度不能过大，也不能过小，压力过大终端可能接受不了；额度过小，终端又没有动力。

十一、团队激励

前面10种方法，我们都是从外部因素来说铺货策略的，第11种是最关键的内部因素，即团队执行。一流的策略，一流的方法，没有好的团队来执行都等于零。做快消品，不是搞高科技需要十年磨一剑的积累才能得出一定成果，业务员只要充满热情，认真踏实地去做，效果往往不会太差。

激发业务员铺货动力的最好方式便是荣誉与奖励。笔者之前任职的一家酒企，当时业务团队政策每月工资收入四千元左右，但是铺货期间笔者通过制定累计第一名的奖励及销售突破奖励政策（之前业务员无论卖多少都是1.5%的提成，笔者后来给他们制定单月销量突破6万元，便可提成2%），一下就激发了他们的活力和潜力。当月新入职的一个业务员收入在6000元左右，另外的几个老业务员收入都在8000元以上。最后我们的回报是铺货的一个月左右时间，新品销售突破2000件以上，创造了公司淡季销售的一个小高潮。

以上方法虽然是单独讲解，但是通过一项、两项甚至三项组合起来使用，打组合拳效果会更好。

铺货活动的好坏，切合市场实际的铺货政策及策略很重要，可是铺货团队的素质，即长年累月积累的客情，不抛弃不放弃的许三多精神，死磨硬泡不达目的不罢休的努力，这些更是成败的关键，尤其是对于那些品牌力相对弱势的品牌而言。

第五节　终端铺货常见问答

铺货是产品正式上市运作的第一步，目标网点铺货率的高低直接影响后期的产品运作，而业务员沟通水平的高低直接决定了铺货的进度。针对新品铺货，市场上的客户大体可分为三类：一类是坚决不要货的，这类客户市场上总有那么几个，无论你采取什么样的话术都不管用，只有靠多次拜访的客情及后期产品的加速动销来解决；第二类是赚钱意识很强，能赚钱的产品都会接的终端，这类客户基本不需要我们去说服，他们对赚钱的渴望会自己说服自己，所以这类客户也不是我们讨论的重点；最后一类客户是自我意识不强，对新品摇摆不定的客户，也是市场上占绝大部分的客户，这类客户便是我们铺货的主体。这类客户有一个特点，碍于情面不会直接拒绝你，会随意找很多借口和理由来推托，很多业务员在面对这类客户的提问时，很多时候回答不出，只能灰溜溜离开，导致开发终端不成功。故我们根据铺货过程中终端经常提到的问题做了一个简单的归纳，也许我们回答得合情合理，终端还是会不进货，没关系，“精诚所至，金石为开”，多沟通几次，相信功到自然成。

一、老产品都卖不动，不想接新品

答：您喝过我们的酒吗？我们的酒入口绵柔，喝多了也不上头，产品肯定是没有问题的。其实白酒只要产品质量没问题，老板推一下，消费者也都能接受。那么是什么原因导致咱产品在咱店里卖不动呢？（注意用词是咱产品、咱店里，这样的用词可以使店家潜意识里觉得我们是和他利益一致的。另外，必须要知道店老板的姓名，可以很好地缩短距离感，知道老板姓名和不知道老板姓名产生的效果完全不一样）是价格高了吗？还是给您的利润不够呢？哦，我知道原因了，您把这个产品摆在那个角落里，消费者根本看不到，怎么可能去买呢？我把它位置调一下，您再看看卖不卖得动。

二、品牌没听说过，不想卖

答：产品都有发展阶段，哪个品牌不都是从没听说过到听说，到大家都知道这样一个过程呢。现在××产品是挺知名，可是利润那么低，都不够房租的。大哥，咱开店就是为了赚钱来养家糊口的，不是开着好玩的。我们××产品是全国知名品牌，只是在我们这里运作时间比较短，暂时没××产品那么知名。您看咱这个产品品质顶呱呱、卖相又好，关键是利润比××产品高了好几倍，卖一瓶等于卖它一件。为了减轻大家的压力，降低大家的风险，这次的政策力度不小，进货量要求却不高。

三、不想卖新产品

答：您可以告诉我们原因吗？担心产品卖不动吗？您看咱这个产品，全国知名品牌，品质顶呱呱、卖相又好，利润还比××产品高了好几倍，卖一瓶等于卖它一件。今天公司搞铺市促销活动，无须十箱八箱地进，几箱就行。像您这么大的店，这么有头脑的老板，卖几箱货还不是小菜一碟。白酒又不存在过期的问题，假如最后实在卖不掉，您又不想再继续卖，我给您调到其他能动销的店处理。

四、仓库一大堆货，等仓库货卖得差不多了再说

答：大哥，您看咱开店是为了赚大钱的，谁都不想开个店天天赔本赚吆喝吧。您做生意这么多年，又有头脑，肯定知道第一批吃螃蟹的人才能赚大钱这个道理。您看咱这个产品品质顶呱呱、卖相

又好，利润还比××产品高了好几倍，进过来肯定好卖。今天公司搞铺市促销活动，无须十箱八箱地进，几箱就行，对您也没什么压力。等卖动了，您觉得合适了，再考虑多进点。清理库存的货又不影响进咱这个新品赚未来的大钱，新品卖得动了，客流量大了，库存处理得也快，您说，对不？

五、进价太高了，没有利润，你看某某产品卖一瓶多少钱（一般情况下老板说的这个产品，品牌力不会太强）

客户说价格高一般暗含了三层意思：一是怕给别人的价格低，给他的价格高，造成自己优势价格缺乏；二是进价高，自己的价格操作空间就会相对降低了，怕影响后续运作；三是价格高，利润空间就会相对较少。针对客户的这种心理，我们可以这样针对性地回答。

答：我们市场所有店的供价都是统一的，街头老王的店一下进了 20 件也是这个价，不存在给您价格高，给别人价格低的情况。（终端不怕价格高，就怕给他价格高）

您觉得一件赚多少钱合适呢？您看我们给您的进价××元一件，您最低可以卖到××元一件，高的话可以卖到××元一件，一件可以赚到××元，比××知名的几个产品多赚××每件。

不怕不识货，就怕货比货，您看咱产品的这个包装、这个品质、这个口感，买过的一般都会再买。再说咱也不能光看差价呀，我们后面还有配套的陈列政策、品鉴会政策等，××产品有吗？我们是知名品牌，做的是长远，不会做一次性买卖。

六、等别人卖开才卖

答：您做生意这么多年，店做得这么大，肯定知道第一批吃螃蟹的人才能赚大钱的道理。您完全可以是第一批吃螃蟹赚大钱的人。

您看咱这个产品大厂家出的，在其他地区卖得非常好，在我们这里现在在大市场，所以政策给得比较大。咱现在搞铺市促销活动，无须十箱八箱地进，几箱就行，您稍微推一下就卖光了。怎么样，先来几件试试？

七、现在说得很好，过几天连人都见不到了

答：怎么可能呢？您真会开玩笑。代理商还有好几千件货在仓库里，代理商做个产品，几百万元砸进去了，肯定不是为了进货回来自己喝的。这些货还不是得靠前期像您这样的店卖得动了，卖得好了，赚到钱了，一次次地进货再卖吗？我觉得大哥不要怕我以后不来，就怕我来得太勤，您烦我。

八、业务员之前没有客情，对业务员不信任

没有更好的办法，不谈进货，多去闲聊几次吧。

九、支持太少，没什么费用

答：（终端不怕没费用，只怕给别人费用不给他费用）咱前期主要是做品牌、做口碑为主，给终端的是合理的利润，因为咱做产品这么多年，您也知道，给您每箱 120 元的利润，您也只会赚 80 元，就算给您每箱 200 元的利润，您还是只会赚 80 元，其实赚的利润都是一定的。差价太大了，反倒容易把产品做死了。咱现在给您的利润，比 × ×产品每箱已经多了 × ×元了。另外，我们市场所有店的供价都是统一的，街头老王的店一下进了 20 件也是这个价，不存在给您价格高，给别人价格低的情况。

十、心情不好，客户见到业务员不理不睬

答：张哥，怎么我一来就不开心呢？来抽根烟，休息一下，等

下告诉您一个赚钱的好消息。

十一、手头很紧张，等有钱了再说

答：张哥真幽默，您要是没有钱，这条街上的烟酒店都得关门了。您的店开得这么大，几箱货的钱没有，谁都不会相信。咱开店不是为了好玩的，不就是用钱来进货卖货赚钱的吗？您看，咱这个产品品质顶呱呱、卖相又好，利润还比××产品高了好几倍，进过来肯定好卖。这么好的赚钱机会，您都不要吗？您这次不要咱的货肯定不是钱的原因，您能告诉我是什么原因吗？

十二、过节了或天气冷了再进

答：虽然现在是淡季，可是喝白酒的人同样不少，婚丧嫁娶、请重要客人、会议等场合。只是说现在可能比过年过节稍微卖得慢一点而已。消费者要是来咱店里点名要咱这个酒，到时候要是咱没有不是丢失一个客户。现在咱在搞活动，进几件酒都很划算。

十三、口感不行，喝起来太辣或太柔或上头

答：萝卜白菜各有所爱，每个人的口味肯定不一样，同样吃一个菜，有人说一点不辣，有人可能觉得辣得要命。咱这个酒也是一样，喝起来说太辣或太柔的人都是初次喝，没喝习惯的因素居多。咱这个产品经过××人的测试，年销量多少万件，品质肯定过关。怎么样，来两箱试试。

十四、先放在这里，卖完了结账

客户提这样的问题，往往都是试探性的，就是测试一下我们的态度和底线，所以我们千万不能中招。

答：这个肯定不行！我们每天交一次账，货出去了款必须回去，

不然钱都需要自己垫，我每月就拿几千元工资，哪里垫得起。您做生意的肯定也知道，要是每个店都赊销，那得压多少钱，生意再大也受不了呀。再说咱现在不要您进多了，不压您资金，几箱货，两千元不到，等您卖好了再多进点。

十五、你把电话留下来，等有人要了再给你打电话

答：您这个店里的货架上都没有咱的货，消费者看都看不到，肯定问的人少，很多买酒的都是先看到这个酒才会主动去问的。你先进两箱摆在那里看看卖不卖得动，卖得动再多进点。

以上话术只是给大家在铺货的问答中提供一个启发，具体回答要根据产品（品牌、价格、促销）、渠道（终端的规模、实力、特性，终端老板的性格、习惯、情绪）、自身（性格、说话习惯、客情基础）及拜访过程中的具体情况等因素综合在一起，从而采取具体的沟通策略。希望大家不要刻舟求剑似地生搬硬套具体话术。

第六节　得陈列者得销量

看市场基础工作是否扎实，看哪里？

答：看陈列。

看业务工作能力和态度，看哪里？

答：看陈列。

看品牌占有率及发展状态，看哪里？

答：看陈列。

看区域负责人管理水平如何，最有效的方法就是看陈列做得怎么样。陈列可以反映出一个市场方方面面的情况。我们一定没有听说过见到过市场销量非常好，终端货架上却见不到产品的品牌，实际情况往往是市场上的主流品牌占据的是终端的主流位置。说陈列

决定产品生死都不为过。

1. 陈列是终端拦截的最精准手段

产品到消费者手中要经过“采购—生产—经销商—终端—消费者”这几个环节，终端拦截则是最末端环节，该环节的好坏直接决定了产品销量的大小，而陈列则是终端拦截最精准的手段之一。

2. 陈列是产品与消费者沟通的桥梁

好的产品陈列自己会说话，如果消费者去每个终端都能受到某品牌的陈列冲击，那么他们在有需求的时候第一时间便会想起该品牌，从而进行尝试性购买。

3. 陈列是品牌形象展示的最有效手段

在央视做多少广告，在户外做多少高炮，在城市做多少门头牌，这些高大上的投入，如果终端没有做好陈列都是零。形象地讲，其他品牌宣传形式是数字里面的 0，陈列是数字前面的 1，0 要通过前面的数字 1 才能不断放大。

4. 陈列是促进消费者购买的临门一脚

在消费者没有固定消费品牌的情况下，陈列往往是影响其决策的最关键因素。消费者在犹豫不决时，往往会选择陈列得最有震撼力的那个品牌。

说了这么多陈列的重要性，那么我们具体在市场上如何做陈列呢？陈列的大原则有 18 项之多，我们只选取市场上经常用到，可操作性强的来讲。

一、最佳位置陈列

什么是最佳位置？有人说是进门正对面的地方，有人说是柜台后面与视线等高的货架位置，还有人说是顾客出入集中处，笔者认为能最大化销售的位置才是最佳位置。有的地方产品摆上去的确很醒目，可是销售效果却不好，比如在超市收银柜台旁陈列茅台，进店的消费者都可以看到，可是买的人却极少。那么最大化销售的位置又是哪里呢？关键在于两个字——“匹配”，陈列要与你的目标群体、消费者购买习惯、产品本身的特性匹配。

二、最大面积陈列

陈列面积越大，对消费者的视觉冲击感越强，无形中增强了我们产品在消费者心目中的品牌形象，产品被消费者冲动型购买的机会就越大。同时，终端的货架资源是有限的，我们产品的陈列面积越大，竞品的生存空间就会越小，我们产品被消费者选择的机会就越多。这样既提高了销量，又打击了竞品。

三、全品项陈列

全品项陈列即把公司有的产品系列全部陈列在货架上，但不是把所有的产品都放两瓶在货架上，而是要突出主推产品。一是陈列面上的主推产品要占一半以上，比如有 30 个面、10 个单品，那么两个主推的产品至少占据 15 个面；二是最好的陈列位置要留给主推产品，一般来说，四节货架，第二节、第三节货架是最有利于销售的位置。

四、比附性陈列

“近朱者赤，近墨者黑。”我们的产品经常和什么产品陈列在一起，一定时间之后消费者会潜移默化地认为这是一个层次一类的产品。茅台的旁边往往是五粮液，二锅头的旁边往往是老村长、龙江家园，二锅头放在茅台、五粮液旁边会让人觉得不伦不类，对于销售不会有帮助。所以我们要把自己的产品放到自己认同的档次及类型的势力范围里。比如国窖 1573 就可以和茅台陈列在一起，这样消费者就会潜移默化地把二者进行比较，其实也就是在心底认同了国窖 1573 的档次，大家去终端实地看一下，国窖 1573 是不是往往和茅台陈列在一起。

另外，我们的陈列一定要紧靠我们的死敌（竞品），尤其新品更是如此。因为竞品的消费群体正好也是我们产品的目标群体，它的号召力正可以为我所用。

陈列是每一个企业都会投入庞大的费用去做的事情，但是能把陈列做好的企业只有十分之一。在不增加任何成本的情况下，如何增加陈列的效果？那就要做好陈列的两个点睛之笔，一是陈列一定要有裸瓶展示，并且对放置位置进行统一规范的要求；二是价格标签一定要有特色，而且上下须对齐在一条直线上，并且对放置位置进行统一规范的要求。（这句话可以说价值百万元，如果陈列效果提升 5%，一年给企业增加的效益自己可以计算一下）如价格标签左侧与陈列产品左侧边缘对齐，上下价签成一条直线。当单排陈列面数为 6 瓶或 7 瓶时，价签展示位置为从左边数第 3 瓶产品陈列位置；当单排陈列面数为 8 瓶或 9 瓶时，价签展示位置为从左边数第 4 瓶产品陈列位置；当单排陈列面数为 10 瓶时，价签展示位置为从左边数第 5 瓶产品陈列位置。

陈列是一个细心活、耐心活，需要持之以恒的坚持与努力，必须要做到寸土必争、寸土不让，这样品牌在终端、在市场的影响力才会逐步提升，销量才会芝麻开花节节高。

第六章

终端团队人员招募与管理

第一节　招募合适人才的正确打开方式

人是企业最宝贵的资源。在白酒行业产品同质化、营销同质化的今天，人才的数量及质量直接决定了企业能否突出重围，取得持续竞争优势。我们可以将企业中的人员简单分为三种——“人才”“人在”“人灾”，“人才”即高绩效员工；“人在”即只是人在企业，绩效低的员工；“人灾”即不仅不创造绩效，还麻烦不断的员工。正所谓“请神容易，送神难”，团队人才队伍的建设一定要严入宽出，充分做好招聘关，从源头解决问题，尽可能减少“人灾”式员工进入。

除了其他不可控因素，作为区域负责人员，我们该如何做好招聘工作呢？根据笔者的经验，人员筛选至少要做好如下六关。

一、简历筛选关

负责人：人资部或负责招聘工作的管理专员/内勤/文员。

由人资部对网上简历认真筛选，尤其是要注重对简历完整性的审查。一个连简历都不认真，都写不好的人，能期待他有多大热情、耐心来服务客户呢?

如果是纸质简历，则需要重点关注三个方面：简历的字迹是否清晰工整；候选人工作经历时间是否连贯；工作内容简述是否清晰完整。

二、电话面试关

负责人：人资部或负责招聘工作的管理专员/内勤/文员。

根据岗位职责的要求对候选人进行结构化面试，筛选出合适人员进入下一轮。

三、初面关

负责人：城市经理+人资部。

根据岗位职责的要求对候选人进行结构化面试，筛选出合适人员进入下一轮。建议面试官提前整理好面试题库，以免遗漏考察项目。

四、实战关

负责人：直接主管。

安排候选人去拟安置的区域进行实战演练，直接主管协访终端，考察候选者的综合素质、经验及应变能力等是否符合公司要求。

注：这一关非常重要，也是绝大部分白酒企业在人才招募过程中缺失的。这样做的好处，**一是能够看出候选人的真实水平；二是让直接主管参与面试过程，避免后期直接主管抱怨分配的人员不符合其要求等情况。**

实战关对于筛选出符合要求的候选人非常关键，但是绝大部分区域的招聘工作没做到这一点。

五、终面关

负责人：区域负责人 + 人资部。

区域负责人对候选人进行最终面试，合适人员进入实习期。

六、实习关

负责人：直接主管 + 城市经理 + 人资部 + 区域负责人。

事前制定详细的考核标准，达不到预期要求的人员坚决淘汰。不要因为熟悉磨不开面子，而耽误对方发展、公司发展。**很多时候，让员工待在一个不合适他的地方，是对其最大的残忍。**

值得注意的是，白酒行业比较特殊，在当地有自己的烟酒店生意，找个企业搞兼职的人不少，所以一定要对候选人做好背景调研，多听听当地经销商的意见。

那些经常发现自己总是找不到称心如意员工的领导者，一定是在招聘环节或多或少的没有执行上述六个环节。

如果按照上述六步去筛选人才，无疑团队的人员数量扩充会相对较慢。但是团队的整体作战水平一定会大大提升，企业的资源也将能够得到更极致化的运用。

第二节　职场人必知的基本职场礼仪

礼仪是社会约定俗成的使人感到尊重与舒服的行为规范，是体现个人道德水平高低和有无教养的尺度。在双方没有深入接触的情况下，对方往往从礼仪方面对我们做出主观评判，也许很武断不科学，但却很现实。故这一节我们来简单讲一下在职场中需要注意的一些礼仪细节。虽然看起来有点偏题，但其实不然，中高端白酒的主流消费人群素质相对较高，很多时候会因为高素质的营销人员而去尝试产品。

一、西装礼仪

快消人都是销售农民工，每日风尘仆仆跑终端、搬货、做陈列、贴海报，忙里忙外，所以着装大都以实用轻松为主，西装较其他行业使用率低很多。但是参加大中型会议，西装却是我们的标配。现实情况是，很多销售人员连套像样的西装都没有，领带也不会打，所以，为了在关键时候不出笑话，我们还是要好好学习西装礼仪。

简单来讲，有两个原则：**一是“三色原则”，即全身上下不能超过三种颜色，如果看见一位男士迎面走过来，不用管他的头衔、职位和名片，只要把他身上的颜色数一数就明白了。三种颜色说明是黄埔军校的正规军，四种颜色说明是山里的土匪，五种颜色说明有点傻，五种以上说明特别傻；二是“三一原则”，即鞋子、腰带、公文包必须保持统一颜色，并且最好是黑色。**

西装礼仪注意事项：

1. 坐着时衣扣解开，站立后衣扣要系上

2. 衣扣系法

双排扣：衣扣全部系上。

单排两粒扣：只系上边的那粒衣扣。

单排三粒扣：系上边的两粒衣扣，或单系中间的那粒衣扣。

另外，穿西装可以不扣上纽扣，但在正式场合上，最下面一粒纽扣不能扣上。

3. 口袋里物品问题

西装口袋里除了可以插西装手帕，不能插任何物品，尤其不能插上一支笔。

4. 鞋子搭配问题

必须穿皮鞋，黑色最佳。

5. 衬衫如何穿

把手伸直，衬衫袖口比西装袖口长一厘米左右。系领带时，衬衫第一粒纽扣必须扣上；不系领带时，衬衫第一粒纽扣必须打开。千万不能穿短袖衬衫。另外，穿长袖衬衫下摆在正式场合一定要扎在裤腰之内，袖管不可以卷起来，袖扣一定要系上。

6. 领带打法

领带结的大小，最好与衬衫衣领的大小成正比。领带打好之后，其下端应当正好抵达皮带扣的上端。这样，领带不会从西装上衣下面露出来。领带下端位置大概在七粒扣，衬衫自上而下第四、第五粒衣扣之间。

二、交换名片的礼仪

1. 必须携带足够的

会客前检查和确认名片夹内是否有足够的名片，避免名片不够发的情况，否则会让没领到名片的人有一种被轻视的感觉。

2. 递交名片

递交方式：手指并拢，拇指轻夹名片右下角，双手递交，将名片文字方向朝客户，在递名片的同时简单做一下自我介绍。需要注意的是：辈分较低者，率先以右手递出个人的名片；到别处拜访时，经上司介绍后，再递出名片，不可在上司没介绍的情况下，自作聪明去递名片。

3. 拿取名片

拿名片时要双手去拿，拿到名片时轻轻念出对方的名字，让对方确认无误；如果念错了，要记着说对不起。拿到名片后，要放置到自己的名片夹中。如果是坐着，尽可能起身接受对方递来的名片。外行的表现：无意识地玩弄对方的名片；把对方名片放入裤兜里；当场在对方名片上写备忘事情。这些行为都容易使人感觉受到轻视。

4. 索要名片的技巧

交易法：保持微笑，主动将名片给对方，一般情况下，对方会主动给自己名片，若是没有携带也会做出说明；激将法：递名片时说："很荣幸认识您，是否可以和您交换一下名片"；谦恭法："您是××领域专家，不知道以后如何向您请教"；平等法："认识您很荣幸，不知道以后怎么和您联系?"

三、乘车礼仪

与客户、与领导乘车是我们经常会遇见的问题，乘车中的小细节可以为我们的职场加分。当然，如果不注意，也会使我们的分数打对折。

座次的排列：因驾驶员的身份不同而不同。

1. 主人驾车的情况

（1）若一人乘车，必须坐在副驾驶座。

（2）若多人乘车，必须推举一人坐副驾驶座，不然对主人失敬。笔者就经历过一次，领导驾车，笔者和另一名同事一同坐在后面的情况，场面极为尴尬。因为这时如果没人坐在副驾驶座上，意味着开车的人是司机。

（3）位置优先次序，如图6－1所示：

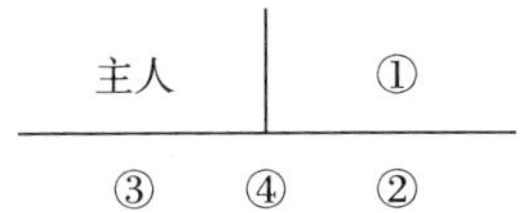

图6－1　主人驾车时，多人乘坐位置优先次序

2. 有司机的情况

（1）副驾驶座是车上最不安全的座位，按惯例，在社交场合，该座位不宜请妇女或儿童坐；在公务场合，叫随员座，由秘书、翻译及陪同人员就座。

（2）有司机时，司机后右侧为上位，左侧为次位，中间第三位，前座第四位。如图6－2所示：

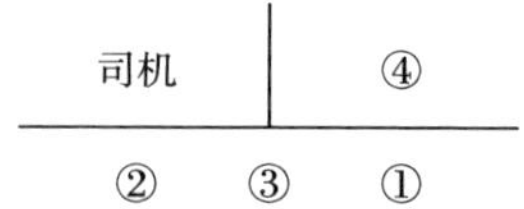

图6－2　有司机时，多人乘坐位置优先次序

当然，如果领导有特别习惯的情况下，以领导意见为主。比如有的领导就喜欢坐副驾驶座。

四、介绍的礼仪

1. 介绍他人的次序

■ 男子介绍给女子。

■ 年轻的介绍给年长的。

■ 低职位的介绍给高职位的。

■ 公司同事介绍给客户。

■ 非官方人事介绍给官方人事。

■ 本国同事介绍给外籍同事。

如果你记不清楚具体的次序，没关系，请记住“先提到名字者为尊重”这一原则。

注意：会谈中途遇到上司到来，不要视而不见，应当立即起立，将上级介绍给客人；并向上级简单介绍会谈内容，同时询问上级是否参加会谈，然后重新会谈。

2. 仪态

标准站姿，手掌五指并拢，掌心朝上，指向被介绍人。介绍时不可单指指人，而应掌心朝上，拇指微微张开，指尖向上。当别人介绍到你时，应微笑或握手、点头示意，如果你正坐着，则应该立即起立。

在介绍他人时，不能准确知道其称呼时，应问一下被介绍者“请问您怎么称呼”，避免张冠李戴带来的尴尬。

介绍时最好先说“请允许我向您介绍”或“让我介绍一下”“请允许我自我介绍”。如×小姐，请允许我向您介绍×××总监。如果能对被介绍人的职务重要性、特长等做简单介绍就更好了。

尽量避免对某个人特别是女性的过分赞扬，以免让人产生不必要的联想。

五、会议室礼仪

会议室礼仪要注意座次原则。

离门远为尊为原则，离入口远的地方为上座，离入口近的是下座。右边是上座，左边为下座。景观好的位子为上为原则。如图6－3所示：

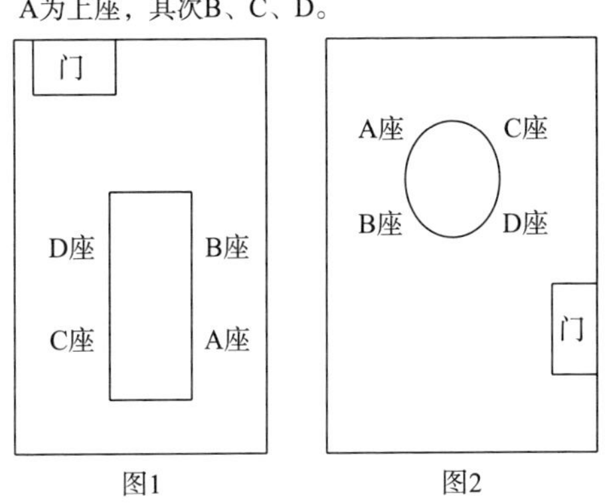

图6－3　座次原则

如果会客室里既有靠墙的沙发，又有不靠墙的沙发，那么以靠墙的沙发为上座。

坐3人沙发时，不要坐在两端，应坐在中间，会显得落落大方、有气场。

考考大家：看看你是不是故事中的×先生？

某公司×先生年轻肯干，机灵聪明，经上级推荐，公司有意提拔他为市场部经理。为了考验他的真才实学是否胜任新的职务，本次糖酒会，总经理特意带两个人参加，一个是自己的助理张经理，另一个是×先生。×先生受宠若惊，自然知道公司这样安排的用意，心想一定要抓住机会好好表现一下。

（1）往。出发前，由于总经理司机家里临时有事赶不回来，所以，总经理、×先生、张经理改为搭乘副总驾驶的轿车同去。上车时，副总一解锁轿车，×先生便三步并作两步地来到车前，麻利地打开了前车门，安稳地坐在副驾驶座位置上，副总扭头瞅了他一眼，但×先生并没有在意这个小细节。

（2）路途中。车上高速后，副总专注驾车很少说话，总经理则一直在玩手机。×先生想，机会来了，得找个话题活跃一下氛围。他便找了一个话题："副总驾车水平真棒，车开得这么稳，找机会教教我们。如果我们都会开车，办事效率肯定会高很多。"副总貌似没听见，不置可否，其他人均无应和，×先生感到没趣，便也不再说话。一路上，除总经理向张经理询问了几件事，张经理简单地作答后，车内再也无人说话。到达目的地后，×先生自然也知道今天车上的氛围不太好，悄悄问张经理："总经理和副总好像都有点不太高兴。"张经理告诉他原委，他恍然大悟，"噢，原来如此。"

（3）返。会后从省城返回，车子改由临时找的司机小马驾驶。总经理安排张经理去处理其他事情，暂时不一起回来，同车返回的还是4人（总经理、副总、小马、×先生）。吃一堑长一智，这次我要把面子给挣回来，×先生想。于是，他快速打开前车门请副总上车，副总坚持要与总经理一起坐在后排，×先生诚恳地说："副总，您如果不坐前面，就是不肯原谅来的时候我的失礼之处。"并坚持让副总坐在前排才肯上车。

回到公司，同事们知道×先生这次是同总经理、副总一道出差，猜测着肯定提拔他，都纷纷向他祝贺。然而，提拔之事却石沉大海，一直没有人提及。

第三节　终端团队管理常用的表格工具

一、营销人员面试评估表

营销人员面试评估，如表6－1所示。

表6－1　营销人员面试评估表

营销人员面试评估					
姓名		性别		年龄	
学历		意向区域		应聘岗位	

项目			
一、仪容、仪表（气质、衣着等）（10分）	良好（10～8分）	一般（7～6分）	欠佳（5～0分）
二、沟通表达能力（15分）	良好（15～12分）	一般（11～6分）	欠佳（5～0分）
三、抗压能力（10分）	较强（10～8分）	一般（7～6分）	较差（5～0分）
四、营销技能（15分）	扎实（15～12分）	一般（11～6分）	较差（5～0分）
五、专业知识（10分）	扎实（10～8分）	一般（7～6分）	较差（5～0分）
六、性格（10分）	开朗、外向（10～8分）	中性（7～6分）	内向、害羞（5～0分）
七、学习能力（15分）	较强（15～12分）	一般（11～6分）	较差（5～0分）
八、应聘前是否对公司作相关了解（15分）	认真了解（15～12分）	知之不多（11～6分）	不了解（5～0分）

续表

<table>
<tr><td colspan="6">营销人员面试评估</td></tr>
<tr><td>姓名</td><td></td><td>性别</td><td></td><td>年龄</td><td></td></tr>
<tr><td>学历</td><td></td><td>意向区域</td><td></td><td>应聘岗位</td><td></td></tr>
<tr><td colspan="2" rowspan="2">扣分项：是否符合公司价值观（0～30分）</td><td colspan="2">符合（－0分）</td><td>一般（0～30分）</td><td>不匹配（－30分）</td></tr>
<tr><td colspan="2"></td><td></td><td></td></tr>
<tr><td colspan="6">总体评价：</td></tr>
<tr><td colspan="2">聘用意见</td><td>试用/进入下一轮</td><td></td><td>不予试用</td><td></td></tr>
</table>

二、营销人员试用考核表

营销人员试用考核，如表6－2所示。

表6－2　营销人员试用考核表

填表时间：　　年　　月　　日

<table>
<tr><td>姓名</td><td></td><td>性别</td><td></td><td>出生年月</td><td></td><td>籍贯</td><td></td></tr>
<tr><td>毕业学校</td><td colspan="3"></td><td>专业</td><td></td><td>学历</td><td></td></tr>
<tr><td colspan="5">考核时间：　年　月　日至　年　月　日</td><td>负责区域</td><td colspan="2"></td></tr>
<tr><td>考核项目</td><td colspan="3">考核内容</td><td>标准分</td><td>考核分</td><td colspan="2">原因</td></tr>
<tr><td rowspan="4">工作态度</td><td colspan="3">工作认真负责，踏实，一丝不苟</td><td>9</td><td></td><td colspan="2"></td></tr>
<tr><td colspan="3">工作积极主动，有灵性</td><td>7</td><td></td><td colspan="2"></td></tr>
<tr><td colspan="3">协作精神好，主动寻求指点或帮助</td><td>6</td><td></td><td colspan="2"></td></tr>
<tr><td colspan="3">对公司企业文化、产品了解情况</td><td>6</td><td></td><td colspan="2"></td></tr>
</table>

续表

<table>
<tr><td>姓名</td><td></td><td>性别</td><td></td><td>出生年月</td><td></td><td>籍贯</td><td></td></tr>
<tr><td>毕业学校</td><td colspan="3"></td><td>专业</td><td></td><td>学历</td><td></td></tr>
<tr><td colspan="5">考核时间： 年 月 日至 年 月 日</td><td>负责区域</td><td colspan="2"></td></tr>
<tr><td>考核项目</td><td colspan="3">考核内容</td><td>标准分</td><td>考核分</td><td colspan="2">原因</td></tr>
<tr><td rowspan="4">营销素养</td><td colspan="3">沟通、协调能力强</td><td>8</td><td></td><td colspan="2"></td></tr>
<tr><td colspan="3">主动学习、善于学习</td><td>6</td><td></td><td colspan="2"></td></tr>
<tr><td colspan="3">做事有激情</td><td>5</td><td></td><td colspan="2"></td></tr>
<tr><td colspan="3">快速融入环境</td><td>5</td><td></td><td colspan="2"></td></tr>
<tr><td rowspan="5">工作业绩</td><td colspan="3">工作计划完成情况</td><td>15</td><td></td><td colspan="2"></td></tr>
<tr><td colspan="3">销售指标完成情况</td><td>10</td><td></td><td colspan="2"></td></tr>
<tr><td colspan="3">对区域市场情况的掌控</td><td>10</td><td></td><td colspan="2"></td></tr>
<tr><td colspan="3">客情关系维护</td><td>8</td><td></td><td colspan="2"></td></tr>
<tr><td colspan="3">临时交办工作任务</td><td>5</td><td></td><td colspan="2"></td></tr>
<tr><td colspan="4">考核总分（累加所有项目得分）</td><td>100</td><td></td><td colspan="2"></td></tr>
<tr><td rowspan="2">考核结论</td><td colspan="2">1. 符合转正条件</td><td colspan="5"></td></tr>
<tr><td colspan="2">2. 不适应，建议</td><td colspan="5"></td></tr>
<tr><td colspan="3">直接领导签字</td><td colspan="5"></td></tr>
<tr><td colspan="3">城市经理意见</td><td colspan="5"></td></tr>
<tr><td colspan="3">区域负责人意见</td><td colspan="5"></td></tr>
</table>

三、营销人员岗前培训记录表

营销人员岗前培训记录，如表 6－3 所示。

表6－3　营销人员岗前培训记录表

<table>
<tr><td colspan="7">岗前培训记录</td></tr>
<tr><td>姓名</td><td></td><td>性别</td><td></td><td></td><td>出生年月</td><td>年　月　日</td></tr>
<tr><td>毕业学校</td><td></td><td>学历</td><td></td><td></td><td>入职公司时间</td><td>年　月　日</td></tr>
<tr><td></td><td colspan="6">培训记录</td></tr>
<tr><td colspan="3">培训内容</td><td>培训时间</td><td>课时</td><td>培训形式</td><td>授课人</td></tr>
<tr><td rowspan="3">企业
文化类</td><td colspan="2"></td><td></td><td></td><td></td><td></td></tr>
<tr><td colspan="2"></td><td></td><td></td><td></td><td></td></tr>
<tr><td colspan="2"></td><td></td><td></td><td></td><td></td></tr>
<tr><td rowspan="3">产品
知识类</td><td colspan="2"></td><td></td><td></td><td></td><td></td></tr>
<tr><td colspan="2"></td><td></td><td></td><td></td><td></td></tr>
<tr><td colspan="2"></td><td></td><td></td><td></td><td></td></tr>
<tr><td rowspan="3">规章
制度类</td><td colspan="2"></td><td></td><td></td><td></td><td></td></tr>
<tr><td colspan="2"></td><td></td><td></td><td></td><td></td></tr>
<tr><td colspan="2"></td><td></td><td></td><td></td><td></td></tr>
<tr><td rowspan="3">营销
技能类</td><td colspan="2"></td><td></td><td></td><td></td><td></td></tr>
<tr><td colspan="2"></td><td></td><td></td><td></td><td></td></tr>
<tr><td colspan="2"></td><td></td><td></td><td></td><td></td></tr>
<tr><td colspan="3">直属领导协同拜访市场____天</td><td></td><td colspan="3">直属领导协同拜访客户____家</td></tr>
<tr><td rowspan="2">直属领导
评价</td><td colspan="2">是否符合上岗条件</td><td colspan="4"></td></tr>
<tr><td colspan="2">直属领导评估意见</td><td colspan="4"></td></tr>
<tr><td>区域负责
人意见</td><td colspan="6">年　月　日</td></tr>
<tr><td>人力资源
部意见</td><td colspan="6">年　月　日</td></tr>
</table>

四、工作事项交办单

工作事项交办记录，如表 6－4 所示。

表 6－4　工作事项交办单

序号	交办事项	项目要求/标准	责任人	责任人主管	序时进度要求	督办人

五、营销人员绩效考评指标库

营销人员绩效考评指标，如表 6－5 所示。

表 6－5　营销人员绩效考评指标库

营销人员绩效考评指标库			
类型	指标	评分标准	备注
业绩指标	销售指标	销售指标完成率＝本月回款额/月度回款指标×100%	以实际销售回款为准
	动销指标	动销指标完成率＝本月动销额/月度动销指标×100%	动销是终端在一个考核周期内实际销售出货量（件），不含兑付给终端的陈列费等费用酒
	团购单位销售指标	团购单位销售指标完成率＝本月团购单位销售额/月度团购单位销售指标×100%	有条件的区域要对负责经销客户的业务经理进行团购单位销售指标考核

续表

营销人员绩效考评指标库			
类型	指标	评分标准	备注
过程指标	生动化陈列	常规陈列不低于6瓶；专柜陈列不低于24瓶（以占满整节货柜为标准）	按公司相关陈列标准对区域市场陈列进行规范优化
		我们品牌门头店或者专柜店，必须要有专柜或者地堆陈列	
		店内第一位置陈列，竞品边缘化，近乎排他	
	终端氛围营造	完成月度计划在65%以下的，为标准分值的0%分	物料摆放种类可为：PVC板、展架、海报、价格签、箱贴、价签、腰条、DM单、灯箱片、柜眉、德展、画架、台卡、吊旗等
		完成月度计划在65%～80%的，为标准分值的60%分	
		完成月度计划在80%～100%的，为标准分值的80%分	
		完成月度计划在100%及以上的，为标准分值的100%分	
	第一推荐	完成终端第一推荐指标在65%以下的，为标准分值的0%分	陌生拜访时，我们产品为终端同类产品第一推荐品牌
		完成终端第一推荐指标在65%～80%的，为标准分值的60%分	
		完成终端第一推荐指标在80%～100%的，为标准分值的80%分	
		完成终端第一推荐指标在100%及以上的，为标准分值的100%分	
	有效网点开发	完成月度计划在65%以下的，为标准分值的0%分	网点开发必须要以“网点质量”为前提，筛选出有动销潜力的网点进行针对性开发，讲求“有效网点”
		完成月度计划在65%～80%的，为标准分值的60%分	
		完成月度计划在80%～100%的，为标准分值的80%分	

续表

营销人员绩效考评指标库			
类型	指标	评分标准	备注
过程指标	有效网点开发	完成月度计划在100%及以上的，为标准分值的100%分	
	宴席开发	完成月度计划在65%以下的，为标准分值的0%分	
		完成月度计划在65%～80%的，为标准分值的60%分	
		完成月度计划在80%～100%的，为标准分值的80%分	
		完成月度计划在100%及以上的，为标准分值的100%分	
	市场秩序	出现窜货（乱渠道、乱区域、乱价格）累计次数达1次及以上的，为标准分值的0%分	
		出现窜货（乱渠道、乱区域、乱价格）累计次数达0次的，为标准分值的100%分	
	价格执行	价格未达公司红线指标的，为标准分值的0%分	
		未出现乱价格现象｛严格执行产品价格体系，任何销售环节（终端供价、终端零售价格、团购价格）均严格按指导价格执行｝的，为标准分值的100%分	
	市场费用管控	发生费用虚报、报账延时及超预算，违规累计次数达2次及以上的，为标准分值的0%分	签订市场价格承诺书，按公司指导价格进行销售
		发生费用虚报、登记违规、报账延时及超预算，违规累计次数达1次的，为标准分值的60%分	

续表

营销人员绩效考评指标库			
类型	指标	评分标准	备注
过程指标	经销商库存	库存超过安全库存 5% 的，为标准分值的 0% 分	
		库存未超过安全库存 5% 的，为标准分值的 100% 分	
	招商布局	未完成招商计划的，为标准分值的 0% 分	
		完成招商计划的，为标准分值的 100% 分	
	工作纪律	周会、晨会未按规定参加的，为标准分值的 0% 分	
		有违反劳动纪律现象的，为标准分值的 0% 分	
		没有上述违纪现象的，为标准分值的 100% 分	
	工作态度	日报周报，库存、终端经销存等报表的填写是否准时、准确、完整，客观反映工作及市场情况；云端课程学习情况，是否按时学习，并结合自身实际领悟运用	
	政策宣传	我们公司价格信息、宴席活动、节庆促销等政策活动宣传到位，终端能够准确知悉，领会公司意图	
	终端信息收集	假货、窜货、产品低价等信息第一时间收集并上报	
		竞品价格波动、促销信息等动态第一时间收集并上报	
	其他工作	根据市场阶段性重点工作的组织、办交工作推进和其他工作的开展情况进行考评，未完成的为标准分值的 0% 分	

续表

营销人员绩效考评指标库			
类型	指标	评分标准	备注
过程指标	其他工作	根据市场阶段性重点工作的组织、办交工作推进和其他工作的开展情况进行考评，完成的为标准分值的100%分	

六、营销人员目标责任书

营销人员目标责任，如表6－6所示。

表6－6　营销人员目标责任书

营销人员目标责任书				
责任人姓名		责任人职务		
目标责任时间		上级主管		
财务指标部分				
销售区域描述（细化到区镇）				
销售区域销售指标 单位：件/金额（万元）				
销售区域动销指标 单位：件/金额（万元）				
项目	各指标分解			
各产品销售额分解（单位：件）	A产品	B产品	C产品	其他产品
新老客户销售额分解（单位：件）（可细化到具体终端）	新增客户数量	新增客户销售量	已有客户销售增量	已有客户销售总量

续表

<table>
<tr><td colspan="5">营销人员目标责任书</td></tr>
<tr><td>责任人姓名</td><td colspan="2"></td><td>责任人职务</td><td></td></tr>
<tr><td>目标责任时间</td><td colspan="2"></td><td>上级主管</td><td></td></tr>
<tr><td colspan="5">财务指标部分</td></tr>
<tr><td></td><td colspan="4"></td></tr>
<tr><td rowspan="4">核心网点建设指标（单位：家）</td><td>A 类终端</td><td>B 类终端</td><td>C 类终端</td><td>总计</td></tr>
<tr><td></td><td></td><td></td><td></td></tr>
<tr><td>去年 A 类终端达成数量</td><td>去年 B 类终端达成数量</td><td>去年 C 类终端达成数量</td><td>总计</td></tr>
<tr><td></td><td></td><td></td><td></td></tr>
<tr><td rowspan="2">销售进度计划</td><td>第一季度</td><td>第二季度</td><td>第三季度</td><td>第四季度</td></tr>
<tr><td></td><td></td><td></td><td></td></tr>
<tr><td>责任人承诺及签字</td><td colspan="2"></td><td>承诺人主管/经理签字确认</td><td></td></tr>
</table>

七、业务经理日常工作考评反馈表

业务经理日常工作考评反馈，如表 6－7 所示。

表 6－7　业务经理日常工作考评反馈表

<table>
<tr><td colspan="6">日常工作考评反馈表</td></tr>
<tr><td>序号</td><td>考评项目（大类）</td><td>考评项目（小类）</td><td>考评内容</td><td>考评标准</td><td>得分</td></tr>
<tr><td>1</td><td>工作基本情况评价（35 分）</td><td>渠道建设与维护情况（15 分）</td><td>业务经理是否能够带领团队有系统、有规划地开发名烟名酒店渠道、团购渠道，并进行有效的维护及服务</td><td>根据其实际表现，得 0～15 分</td><td></td></tr>
</table>

续表

日常工作考评反馈表					
序号	考评项目（大类）	考评项目（小类）	考评内容	考评标准	得分
1	工作基本情况评价（35 分）	费用核报情况（10 分）	业务经理是否事前对费用的各项核报要求进行沟通，事后是否对您经营活动中产生的各项费用进行及时处理核报	根据其实际表现，得 0～10 分	
		信息传递情况（10 分）	业务经理是否将公司各项政策制度、考核要求及时传达到位	根据其实际表现，得 0～10 分	
2	专业技能评价（45 分）	专业知识掌握情况（10 分）	业务经理对营销理论、企业文化、公司政策、规章制度、工作流程、产品等相关知识的了解及掌握程度	根据其实际表现，得 0～10 分	
		活动策划及组织能力（15 分）	业务经理在各项事件营销、学习培训、旅游、接待、聚餐等活动中的活动策划及组织能力	根据其实际表现，得 0～15 分	
		团队领导能力（20 分）	业务经理是否熟知团队成员特质及工作情况，并指导带领团队实现公司绩效目标	根据其实际表现，得 0～20 分	
3	工作态度评价（20 分）	工作服务态度（10 分）	业务经理是否存在以权谋私，用费用换销量或存在以个人名义借款、吃拿卡要等情况	根据其实际表现，得 0～10 分	
		市场信息反馈处理的及时性和有效性（10 分）	业务经理对您反馈的公司产品质量存在的问题、各项未处理费用、客户投诉等情况处理的及时性和有效性	根据其实际表现，得 0～10 分	
合计	100 分				

续表

存在问题详细情况：   建议与意见：   经销商（签字并盖章）： 联系方式： 日期：

八、营销人员离职面谈记录表

营销人员离职面谈记录，如表 6 －8 所示。

表 6 －8　营销人员离职面谈记录表

<table>
<tr><td colspan="6">人员离职面谈记录</td></tr>
<tr><td>姓名</td><td></td><td>市场</td><td></td><td>岗位</td><td></td></tr>
<tr><td>进入公司时间</td><td></td><td>面谈时间</td><td></td><td>面谈人</td><td></td></tr>
<tr><td rowspan="2">员工意见</td><td colspan="5">离职原因：

下一步发展方向：

对本岗位工作的建议：

对公司营销工作的建议：

对公司团队建设、经营管理等方面的建议：</td></tr>
<tr><td colspan="5">签字：
时间：　　　年　月　日</td></tr>
</table>

九、竞聘申请表

竞聘申请，如表6－9所示。

表6－9　竞聘申请表

竞聘申请					
姓名		性别		部门	
出生年月		进厂时间		现职务	
现职务任职时间		学历		专业	
毕业院校		竞聘岗位		联系电话	
工作经历					
奖惩情况					
自我评价					
部门评价及意见					

十、述职问题库

分五个维度对述职人员进行提问，根据对不同人员的期望值可有所侧重的选择，转换提问形式及顺序。

1. 考核述职人对市场的熟悉程度

（1）所管辖区域内的终端有什么特点？

（2）简要谈谈我们产品与主竞品的优劣势？

（3）我们产品目前的批发价、团购价、零售价是多少？

（4）主竞品目前的批发价、团购价、零售价是多少？

（5）所辖区域内终端有多少家？我们产品的有效终端有多少家？目前已经合作多少家？

（6）主竞品或我们产品卖得好/不好的终端有什么特点？我们产品卖得不好的终端，如何去攻克？

（7）在你管辖的区域内，有多少终端能够做到我们产品第一推荐？如何才能使我们产品成为终端的第一推荐品牌？

（8）在你管辖的区域内，有多少终端能做到我们产品第一陈列？如何才能在终端做到第一陈列？

（9）目前在网点开发及维护中存在的问题及解决方案？

2. 考核述职人对我品品牌及产品知识的了解程度

（1）简单介绍一下我们产品的品牌历史。

（2）简单介绍一下我们公司产品的历史。

（3）用一句话概括我们产品的特点或优势。

（4）我们公司某产品的历史沿革。

（5）我们公司某产品外包装蕴含了怎样的设计理念？

3. 考核述职人终端开发能力

（1）当终端推辞说“品牌没听说过，不想卖”，如何回答？

（2）当终端推辞说“等旁边的店进了我才进，他不进，我不进”，如何回答？

（3）当终端推辞说“不想接这么贵的新产品”，如何回答？

（4）当终端推辞说“仓库一大堆货，没有钱，等其他产品卖得差不多了再说”，如何回答？

（5）当终端推辞说“进价太高了，没有利润”，如何回答？

（6）当终端推辞说“等别人卖开了，我才卖”，如何回答？

（7）当终端推辞说“现在忽悠我进货说得挺好，过几天连人都见不到”，如何回答？

（8）当终端推辞说“支持太少，没什么费用”，如何回答？

（9）当终端推辞说“现在手头很紧张，等有钱了再说”，如何回答？

（10）当终端推辞说“过节了或天气冷了再进”，如何回答？

（11）当终端推辞说“口感不好，喝起来太辣”，如何回答？

（12）当终端推辞说“先放在这里，卖完了结账”，如何回答？

（13）当终端推辞说“你把电话留下来，等有人要了再给你打电话”，如何回答？

4. 考核述职人团队管理认识

（1）你认为，什么样的团队是一个好团队？

（2）带团队跟自己做业务有什么区别？

（3）说说目前带团队过程中遇见的问题，如何解决？

（4）你一般多久跟领导汇报或沟通一次。最近一次跟领导沟通是什么时候？

（5）你目前所在团队中存在什么问题，你认为该如何解决？

（6）带团队的关键/要点是什么？

（7）你在目前团队中最喜欢合作的人是谁？原因是什么？

（8）你在目前团队中最不喜欢与谁合作？原因是什么？

（9）你直属领导在管理上存在什么不足或需要提高的地方？

（10）在公司你做得最成功的一件事。

（11）在人生中，你做得最成功的一件事。

5. 其他

（1）把目前的活动政策（春节促销、中秋促销、包量政策等）介绍一下。

（2）本阶段活动推进如何？存在什么问题？是否满意？如何解决？

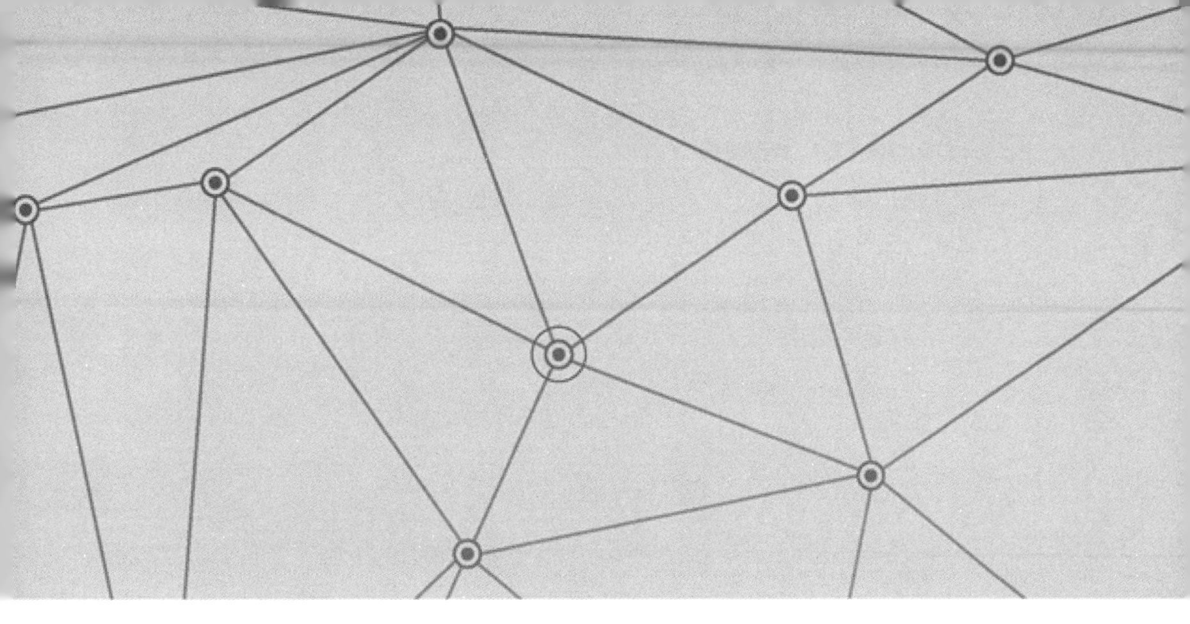

第七章

白酒行业从业人员必备基础知识

销售成交的关键，80%在于客户对于品牌产品及营销人员的信任，其次才是营销人员的销售技巧。而客户对于营销人员的信任，又来自于对我们专业知识的信服。多年观察及实践过程中，发现众多营销人员虽然从业多年，但对于白酒基础知识的理解，仍然处于一知半解，或者道听途说，而专业的书籍信息量又过于庞大，看了让人头晕目眩。

故而，多方查找资料，当然大多来源于互联网公开信息，梳理出白酒营销人员经常会遇见的白酒基础知识，以丰富大家的专业知识。同时，管理人员可直接用于团队培训，节省大家去收集及整理的时间精力。

第一节　白酒的基本概念

一、什么是白酒

白酒是由麦子（小麦、大麦）、高粱（糯高粱、粳高粱）、玉米、大米（糯米、粳米）、红薯、米糠等含淀粉质或糖质的作物为原料，**以大曲、小曲或麸曲及酒母等为糖化发酵剂，经糖化、发酵、蒸煮、蒸馏、勾调而制成的含有酒精的饮料。**

白酒以前叫烧酒、高粱酒，新中国成立后统称白酒、白干酒。（白酒就是无色的意思，白干酒就是不掺水的意思，烧酒就是将经过发酵的原料入甑加热蒸馏出的酒。）

白酒的主要成分是乙醇和水，约占酒体的98%～99%，而溶于其中的酸、酯、醇、醛（quán）、酮（tóng）、吡（bì）嗪（qín）、呋（fū）喃（nán）、芳香族等种类众多的微量有机化合物（占总量的1%～2%）作为白酒的呈香呈味物质，却决定着白酒的风格（又称典型性，指酒的香气与口味协调平衡，具有独特的香味）和质量。酯类是有芳香的化合物，是形成浓郁香气的主要因素。醇类属于醇甜和助香剂的主要物质来源，对形成酒的风味和促使酒体丰满、浓厚起着重要的作用。

白酒产量是指酒温为20℃时酒精含量为65%（V/V）的标准产量。

二、中国白酒的起源

中国白酒的历史久远，可追溯到远古时代。但是，究竟是谁发明了酒，自古以来，众说纷纭，尚无定论，主要有以下几种说法：

1．“三皇”“五帝”说

根据最古老的医书《黄帝内经·素问》记载，早在公元前26世纪的黄帝时代，在我国的这片土地上就已经有了“酒”，其名字叫作“醴酪（lǐ lào）”。

2．“上天造酒”说

“天有酒星，酒之作也，其与天地并矣。”自古以来，我们的祖先就有酒是天上“酒星”所造的说法。在距今三千多年的《周礼》

一书中已详细记述天上“酒旗星”的存在。

我国古代天文学家创造了“二十八宿”的说法，它始于殷代确立于周代。关于“酒旗星座”的说法，《晋书》中记载：“轩辕右角南三星曰酒旗，酒官之旗也，主宴饮食。”

3. “猿猴造酒”说

酒是一种发酵食品，它是由一种叫酵母菌的微生物分解糖类产生的。酵母菌是一种分布极其广泛的菌类，在广袤的大自然原野中，尤其在一些含糖分较高的水果中，酵母菌更容易繁衍滋长。

猿猴在水果成熟的季节，收贮大量水果于“石洼中”，堆积的水果受自然界中酵母菌的作用而发酵，在石洼中将“酒”的液体析出，这样不仅没有影响水果的食用，而且析出的酒还有一种特别的香味。

当然，猿猴从尝到发酵的野果到“酝酿成酒”，是一个漫长的过程。

4. “仪狄造酒”说

史籍中有多处提到仪狄“作酒而美”“始作酒醪（láo）”的记载，似乎仪狄乃制酒之始祖。这是否准确，有待进一步考证。

一种说法叫“仪狄作酒醪，杜康作秫（shú）酒”。“醪”是糯米经过发酵而成的“醪糟儿”，性温软，其味甜，多产于江浙一带。醪糟儿洁白细腻，稠状的糟糊可当主食，上面的清亮汁液颇近于酒。“秫”为高粱的别称。杜康作秫酒，指的是杜康造酒所使用的原料是高粱。

如果硬要将仪狄或杜康确定为酒的创始人，只能说仪狄是黄酒的创始人，而杜康则是高粱酒的创始人。

另一种说法，公元前2世纪的《吕氏春秋》上说“仪狄作酒”，说酒是仪狄这个人发明的。西汉刘向说得更具体：“昔者，帝女令仪狄作酒而美，进之禹，禹饮而甘之。”这说明酒作为一种饮料进入人们的生活已有4000～5000年的历史了。

5. “杜康造酒”说

传说是杜康放羊的时候把秫米团放在桑树洞里，自然发酵，让他明白了酿酒的原理。经过反复试验，杜康发现酿酒用的水对酒的品质有很大的影响，于是他便采用了往北十多公里的上皇古泉来酿酒。杜康酿酒的名气越来越大，后来，他所在的桑竹林渐渐形成一个村落，叫作“杜康村”。

三、中国白酒部分雅号及由来

中国白酒的别名有黄流、黄娇、欢伯、般若汤、圣人、贤人等。

黄流：出于《诗・大雅・旱麓（lù）》中“瑟彼玉瓒（zàn），黄流在中”，指杯中物，与民间骂人“灌黄汤”是同样的。

黄娇：出于宋人诗句“加餐宜白粲（càn），取醉喜黄娇”。与黄流相联系而更隐晦，娇是取其媚人之意。

欢伯：唐人诗中常见，武瓘（guàn）“隔巷闻欢伯，不招客自来”。汉代焦延寿《易林・坎说》中“酒为欢伯，除忧来乐”。宋代苏轼称酒为“扫愁帚”“钓诗钩”。

曲秀才、曲道士、曲居士：因唐代《开天传信录》及《集异录》中的神话故事，诗人黄庭坚的“万事尽还曲居士”、陆游的“孤寂惟寻曲道士”等诗句，历代吟咏不绝。

般若汤：出于《释天会要》。据《东坡志林》载“僧谓酒为‘般若汤’、鱼为‘水栓（shuān）花’，鸡为‘钻篱菜’”。

圣人、贤人：源自《三国志・魏书・徐邈传》和《异苑》故事。嗜酒的人把清酒叫作“圣人”，把浊酒叫作贤人。

青州从事，平原督邮：出于《世说新语》，好酒称为“青州从事”，劣酒称为“平原督邮”。宋代苏轼贬官惠州时，有诗云：“岂意青州六从事，化为乌有一先生。”

四、中国白酒的酿酒原料有哪些

理论上讲，只要是含有淀粉质或糖质的原料都可以用来酿酒（比如：粮谷类、薯类、水果、糖蜜等）。但是，由于各种原料含有的成分不尽相同，所酿造的酒质量差别较大。行业内公认的是以粮食类为原料酿造的白酒品质最佳。

利用不同的酿酒原料进行生产，就会产生不同的质量风格，酿酒行业的术语是**“高粱香、玉米甜、大米净、小麦糙、糯米绵”**。原料对酒体的质量和风格的影响是第一要素，不同的原料不同的配比，与酒体中风味物质的生成量有很大的关系。下面介绍几种常用的酿酒原料及其作用机理。

高粱：又称红粮。在我国南方和北方均有大面积种植，高粱的内容物多为淀粉颗粒，其淀粉含量56%～64%，高粱蒸煮后一般疏松适度，黏而不糊。因高粱中含有微量的单宁和花青素等色素成分，经蒸煮和发酵后，其衍生物为香兰酸等酚（fēn）元化合物，能赋予白酒特殊的芳香，故优质高粱酒较香。

玉米：也称玉蜀黍、苞米、苞谷等。玉米含淀粉为62%～70%，并含有较多的植酸，可发酵为环已六醇及磷酸，磷酸也能促进丙三醇的形成，多元醇具有明显的甜味，故玉米酒较为醇甜。

大米：大米的淀粉含量较高，达到72%～74%，而蛋白质及脂肪含量较少，故有利于低温缓慢发酵，成品酒也较纯净。

小麦：小麦作为大曲的主要原料，也参与白酒的发酵。

其他如大麦、豌豆等原料主要在制大曲时适量添加，也属于酿酒原料的一部分。

五、酒曲按制曲原料分类

酒曲按照制曲原料可分为：

1. 大曲

主要用于酿造大曲蒸馏酒。大曲是以小麦或大麦和豌豆为原料，经拌料、压胚后在控制的温度、湿度下开放培养、风干而制成的曲。

大曲的特点：

（1）是酿制大曲白酒用的糖化、发酵剂。

（2）在制造过程中依靠自然界带入的各种野生菌，在淀粉质原料中进行富集、扩大培养，从而保存了各种酿酒用的有益微生物。

（3）每块曲重 2 ~3 千克。

（4）一般须贮存三个月以上成为陈曲，才能使用。

（5）制曲原料要求含有丰富的碳水化合物（主要是淀粉）、蛋白质，以及适量的无机盐等，适于糖化菌的生长。**完全用小麦做的大曲，由于其含丰富的面筋质，黏着力强、营养丰富，尤适于霉菌生长。**

（6）生料制曲有利于保存原料中所含的丰富的水解酶类，如小麦麸皮中 β – 淀粉酶含量与麦芽（啤酒生产用）的含量差不多。

（7）含有丰富的微生物，特别是霉菌。

（8）微生物在曲块上生长繁殖时，分泌出各种水解酶类，使大曲具有液化力、糖化力和蛋白分解力等。

（9）大曲中含有多种酵母菌，具有发酵力、产酯力。在制曲过程中，微生物分解原料所形成的代谢产物，如氨基酸、阿魏酸等，以及微生物死菌体本身的分解产物，共同形成大曲酒特有的香味前体物质，而氨基酸也提供作为酿酒微生物的氮源。对成品酒的香型风格也起着重要作用。

（10）非常便于保存和运输。

缺点：糖化力、发酵力相对于纯种培养的麸曲、酒母低，粮食耗用大，生产方法还依赖于经验，劳动生产率低，质量也不够稳定。

2. 小曲

主要用于小曲白酒的酿造。

（1）小曲的种类。

按用途：甜酒曲和白酒曲；

按是否添加中草药：药曲和无药白曲；

按形状：酒曲丸、酒饼曲及散曲；

按主要原料：粮曲（全部大米粉）与糠曲（全部米糠或多量米糠少量大米粉）。

（2）小曲的特点。

①采用自然培菌或纯种培养。

②用米粉、米糠或少量中草药为原料。

③制曲周期短，一般7～15天；制曲温度较低，一般为25℃～30℃。

④块曲外形尺寸比大曲小，有圆球形、圆饼形、方形等。

3. 麦曲：主要用于黄酒的酿造

4. 麸曲：用于生产麸曲白酒

5. 红曲：主要用于红曲酒的酿造（红曲酒是黄酒的一个品种）

六、中国白酒按生产原料如何分类

中国白酒按生产原料可分为：粮食白酒、薯干白酒、其他原料白酒。

粮食白酒：以高粱、玉米、大米及大麦等为原料酿制而成。中国白酒名酒中绝大多数为此类酒。

薯干白酒：以甘薯、马铃薯及木薯等为原料酿制而成。薯类作物富含淀粉和糖分，易于蒸煮糊化，出酒率高于粮食白酒，但酒质不如粮食白酒，故薯干白酒多为普通白酒。

其他原料白酒：以富含淀粉和糖分的农副产品和野生植物为原料酿制而成，如大米糠、高粱糠、甘蔗、土茯苓及葛根等。这类酒的酒质一般不如粮食白酒和薯干白酒。

七、中国白酒按糖化发酵剂如何分类

中国白酒按糖化发酵剂可分为：大曲法白酒、小曲法白酒、麸（fū）曲法白酒、混曲法白酒。

大曲法白酒：以大曲（麦曲）（一种粗制剂，由微生物自然繁殖而成）作为酿酒用的糖化剂和发酵剂。因其形状像大砖块而得名。用曲量一般为20%。

大曲酒具有曲香馥郁、口味醇厚、饮后回甜等特点。但耗费粮食较多，且生产周期较长。采用大曲法酿造的白酒，多为名酒和优质酒。代表产品：茅台、国窖1573、五粮液、洋河、汾酒、西凤酒、国台等。

小曲法白酒：以小曲（米曲）（相对于大曲而言，因添加了各种药材又称为药曲或酒药）作为酿酒用的糖化剂和发酵剂。此酒适合气温较高的地区生产。用曲量为0.3%～1%

小曲酒具有一种清雅的香气和醇甜的口感，但不如大曲酒香气馥郁。代表产品：桂林三花等。

麸（fū）曲法白酒：以麸曲（用麸皮为原料，由人工培养而成。因生产周期短，又称快曲）为糖化剂，酵母菌为发酵剂制成。用曲量为6%～12%。

麸（fū）曲法白酒出酒率高，节约粮食，生产周期短，但酒质一般不如大曲白酒及小曲白酒。

混曲法白酒：原料经蒸煮后，先加小曲糖化，再加入大曲入窖发酵。代表产品：董酒等。

八、中国白酒按香型如何分类

中国白酒按香型可分为：浓香型白酒、酱香型白酒、清香型白酒、米香型白酒、凤香型白酒、兼香型白酒、药香型白酒、芝麻香型白酒、豉香型白酒、特型酒、老白干香型、馥郁香型等。

浓香型白酒（又称泸香型）： 无色（微黄）透明、窖香浓郁、绵甜醇厚、香味谐调、尾净爽口。以泸州老窖特曲、五粮液、剑南春为代表。

酱香型白酒（又称茅香型）： 微黄透明、酱香突出、幽雅细腻、酒体醇厚、回味悠长、空杯留香持久。以茅台酒、郎酒、国台、武陵酒为代表。

清香型白酒： 酒色清亮透明、清香醇正、诸味谐调、醇甜柔和、余味爽净、甘润爽口。以汾酒、衡水老白干和宝丰酒为代表，是中国北方的传统产品。

20 世纪 70 年代前后，清香型白酒的市场占有率占全国白酒 75% 以上，但 20 世纪 70 年代后让位于浓香型白酒。

米香型白酒： 无色透明、蜜香清雅、入口柔绵、落口爽净、回味怡畅。以桂林三花酒为代表。

凤香型酒白酒： 无色透明、醇香秀雅、醇厚丰满、甘润挺爽、诸味谐调、尾净悠长。如西凤酒，以乙酸乙酯为主，一定的乙酸乙酯香气为辅。

兼香型白酒： 目前国内有两种类型：①酱中带浓型，表现为芳香、舒适、细腻丰满、酱浓谐调、余味爽净悠长，如四川小郎酒、湖北白云边酒。②浓中带酱型，主要表现为浓香带酱香、诸味谐调、口味细腻、余味爽净，如黑龙江的玉泉酒等。

药香型白酒： 清澈透明、药香舒适、香气典雅、酸味适中、香味谐调、尾净味长，如贵州董酒。

芝麻香型白酒： 芝麻香突出、幽雅细腻、甘爽谐调、尾净悠长，具有芝麻香特有风格。芝麻香型白酒是以芝麻香为主体，兼有浓、清、酱三种香型之所长，故有“一品三味”之美誉，如山东景芝白干酒。

豉香型白酒：玉洁冰清、豉香独特、醇和甘滑、余味爽净。是以大米为原料，小曲为糖化发酵剂，半固态液态糖化边发酵酿制而成的白酒，如广东玉冰烧酒。

特型酒：酒色清亮、酒香芬芳、酒味纯正、酒体柔和、诸味谐调、香味悠长，以江西四特酒为代表。

老白干香型：以酒色清澈透明、醇香清雅、甘冽丰柔、回味悠长而著称，以河北衡水的衡水老白干为代表。

馥郁香型：入口绵甜、醇厚丰满、香味谐调，具有前浓、中清、后酱的独特口味特征，以酒鬼酒为代表。

九、中国白酒按生产方式如何分类

中国白酒按生产方式可分为固态法白酒、半固态法白酒、液态法白酒。

固态法白酒：是我国名优白酒的传统生产方式，即固态配料、发酵、蒸粮蒸馏的白酒。

固态法酿造白酒的最大特征是：固态糖化发酵，固态蒸馏。它的主要特点如下：

①低温蒸煮、低温糖化发酵。

固态法酿酒蒸煮温度低，据测定最高为102℃左右，避免了高温、高压。因为采用双边发酵工艺，为了保证糖化、发酵的正常进行，采用低温入窖（池、桶、缸），使酒醅在较低的温度下进行糖化和发酵，以保证酒的风味和出酒率的提高。

②采用配醅来调节酒醅淀粉浓度、酸度。

在酒醅中加入已蒸馏过的（或未蒸馏的）酒醅，俗称配糟。配糟的用量一般为原料的3～5倍，它可调节酒醅的淀粉浓度、酸度，以利蒸煮、糖化和发酵，同时配糟中的残余淀粉也可再行利用。

③甑桶蒸馏。

固态法白酒蒸馏都采用传统的甑（zèng）桶设备，它不仅是浓缩与分离酒精的过程，而且也是香味提取和重新组合的过程。

半固态法白酒：是指采用半固态发酵、蒸馏的白酒。我国的米香型白酒和豉香型白酒等都是半固态法白酒。

①先培菌糖化、后发酵法。

"先培菌糖化、后发酵法"是生产米香型白酒的典型生产工艺。它是以大米为原料，采用小曲半固态发酵法，前期是固态，主要进行培菌和糖化过程，发酵期为20～24小时；后期为半液态发酵，发酵期约7天，再经蒸馏而制成的米香型白酒。其产品具有米香纯正、清雅，入口绵甜、爽利，回味怡畅的典型风格。广西桂林三花酒和全州湘山酒是米香型白酒的典型代表。

②边糖化边发酵法。

"边糖化边发酵"的半固态发酵法，是以大米为原料、以酒曲饼（小曲的扩大培养）为糖化发剂，在半固态状态下，经边糖化、边发酵后，蒸馏而成的小曲米酒的酿制方法。

该酒种要求将新蒸出的斋酒，放入贮酒池中静置后，分离表面油质及酒脚，再继续贮存，使酒体基本澄清，然后放入肉埕（chéng）中酝（yùn）浸。

肥肉酝浸是玉冰烧生产工艺中重要环节。经过肥肉酝浸的米酒，入口柔和醇滑，而且在酝浸过程中产生的香味物质与米酒本身的香气成分互相衬托，形成了突出的豉香。

液态法白酒：是采用酒精生产方式，即液态配料、液态糖化、液态发酵和蒸馏的白酒。

液态发酵法是采用酒精生产方法的液态法白酒生产工艺。它具有机械化程度高、劳动生产率高、淀粉出酒率高、原料适应性强、改善劳动环境、辅料用量少等优点。采用液态发酵法以代替传统的固态发酵法，是一项重大的技术改革，曾被列为国家重点科研项目。在20世纪50年代就做过酒精加香料人工调制白酒的尝试。由于当时技术条件所限，产品缺乏白酒应有的风味质量而未获得成功。直到20世纪60年代中期，在总结我国某些名白酒的生产经验之后，将酒精生产的优点和白酒传统发酵的特点有机地结合起来，才使液态发酵法白酒的风味质量与固态发酵法白酒逐渐接近。目前，液态发酵法生产的白酒质量不断改进和提高，产量不断增大。

①固液结合法。

固液结合法是综合固态和液态生产方法的优点，以液态法生产的优级食用酒精为酒基，经脱硫、脱臭、除杂，利用固态法的酒糟、酒头、酒尾或固态法白酒增香来提高液态法白酒的质量。故又被称为液态除杂，固液结合增香法。

②复蒸增香法。

A. 串香法

这是贵州省遵义董酒厂生产董酒的经验在液态法白酒生产中的应用。串香法的具体做法很多。有的与麸曲固态法白酒相结合，即先将酒精放入底锅再将酒醅装甑，而后蒸馏，使酒精蒸气通过酒醅将酒醅中的香味成分带入酒中，以增加白酒的香味。有的在固态法白酒中加入产酯酵母培养液，培养香糟后，再装甑串香。还有的用酒醅加曲再发酵做成香醅后，进行串香等，各有特色。

B. 浸蒸法

将香醅与酒精混合、浸渍，然后复蒸取酒。一般香醅用量为酒基的10%～15%，浸渍时间在4小时以上。

③调香法。

以脱硫、脱臭的食用酒精为酒基，配入具有白酒香气的香味液或食用香精香料，经勾兑而成液态法白酒，这一工艺又称为调香勾兑法。它与串香法或浸蒸法相比，省略了酒精复蒸操作，从而避免了酒精的损耗，节约了蒸气与劳动力，生产效率高。虽然这一方法最简单，而且设想不同风格香型的白酒都可以人为地予以控制，因此，也是一种有价值、有前途的好方法，但在实际工作中发现，由于白酒的香味成分复杂，含量少而种类多，不可能以少数几种化学香料调制出合乎要求的白酒来。又由于白酒的香味成分剖析工作尚不够完善，对它们之间的量比关系和平衡关系还未完全了解清楚，这就造成了调香勾兑技术的复杂性。目前为止，除了浓香型白酒用调香法勾兑稍见成效以外，其他的香型白酒则有待于继续摸索研究。

十、中国白酒按度数如何分类

高度白酒：酒精含量50度以上的白酒；

中度白酒：酒精含量在40～50度的白酒；

低度白酒：酒精含量为40度以下的白酒。

酒度的定义是指酒中纯乙醇（酒精）所含的容量百分比。通常是以20℃时的体积比表示的，如50度的酒，表示在100毫升的酒中，含有乙醇50毫升（20℃）。**温度高于20℃时，每高三度，减一度；温度低于20℃时，每低三度，加一度。**

十一、中国白酒大曲酒生产方法

1. 续糟发酵法

续糟发酵法是生产大曲酒应用最广泛的酿造方法之一。它是将粉碎的原料配入出窖（池）的酒醅，经蒸酒和蒸料，扬晾后，加入大曲（糖化发酵剂）进行糖化发酵的生产过程。由于这一操作法是在发酵成熟的酒醅中继续补充新原料（又称茬子），既蒸酒又蒸料，扬晾后，加入大曲糖化发酵再蒸馏，故称续糟发酵法。在续糟发酵法中，又分为混烧法和清蒸混入法两种。

(1) 续糟混烧法。这是将酒醅和新原料混匀后，蒸酒和蒸料

（糊化）同时进行，然后扬晾，加入大曲和水，继续糖化发酵再蒸馏的制酒操作法。这种操作法有如下优点：

①有利于增香制酒的粮食原料本身特有的香味物质，在蒸馏糊化时，随上升的气流带入酒中，对酒起到增香作用。这种香气，有人称为糖香。

②有利于原料的糊化原料与酒醅混合，能吸收酒醅中的酸和水分，促进原料吸水膨胀和糊化，而且由于蒸料又蒸酒，可节约能源。

（2）续糟清蒸混入法。此法是将原料加入辅料后进行单独蒸料糊化（清蒸），再与蒸酒后酒醅混合，加入大曲和水，入窖糖化发酵，单独蒸馏出酒。这种操作法与混烧法的共同点是配醅发酵。但是，由于蒸料和蒸酒分别进行，故能耗较高。其优点是有利于排除原料中夹带的异杂味，以提高白酒质量。

2. 清蒸法

清蒸法是生产大曲酒的又一种传统酿造方法。它是将粉碎的原料拌入辅料后，经蒸料糊化，扬晾后加入大曲和水，进行糖化发酵和出窖蒸馏的生产过程。由于这一操作法不需配醅，原料经 1 次蒸煮糊化、2 次加入大曲糖化发酵和蒸馏后直接丢糟，故称清蒸法，又称“清蒸二次清”法。它是清香型大曲酒的典型生产方法。国家名酒之一的汾酒就是代表。其所用的高粱原料粉碎后拌入辅料，经清蒸糊化，扬晾后加曲，放入埋于地下的陶瓷中（地缸），发酵 28 天，蒸馏取酒（头茬酒）；蒸馏后的糟醅补充原料，只加大曲进行第 2 次为期 28 天的发酵，再蒸馏取酒（二茬酒）后直接丢糟。最后，将头茬酒和二茬酒经贮存勾兑，即为成品酒。

采用清蒸法，原料只进行 1 次清蒸、2 次发酵，因此，操作简便，易于掌握和控制。而且有利于以乙酯为主的复合香味的生成。由于此法在工艺上贯彻以清为主，“一清到底”的原则，故可实现文明生产，保持设备和场地清洁干净，尤其是采用地缸发酵，可大大减少杂菌污染，从而确保了清香型大曲酒的典型风格。

十二、中国白酒小曲酒生产方法

小曲酒是以小曲为糖化发酵剂生产的白酒。麸曲酒生产所使用的原料有大米、高粱、玉米、稻谷、小麦等。由于采用的原料不同，制曲和糖化发酵工艺也有差异，因而小曲酒的生产方法不尽相同。按糖化发酵工艺可分为三类：①先固态培菌糖化、后发酵法；②边糖化、边发酵法；③配醅固态发酵法。

十三、中国白酒麸曲酒生产方法

麸曲酒是以高粱、玉米、薯干等为原料，采用纯种培养的麸曲为糖化剂和酒母酵菌的扩大培养液为发酵剂生产的白酒。麸曲酒具有生产周期短、出酒率高、物美价廉的特点。

麸曲酒又分为普通麸曲酒和优质麸曲酒。在同一原料、同一生产工艺和条件下，通常酒的质量与大曲酒相比稍逊一筹。

第二节　四大基本香型生产工艺简述

一、酱香型白酒——茅台酒生产工艺简述

酱香型白酒生产工艺较为特殊，原料高粱称为“沙”。用曲量大，曲料比为1∶0.9。一个生产酒班1个条石或碎石发酵窖，窖底及封窖用泥土。分两次投料，第一次投料占总量的50%，称为下沙。发酵一个月后出窖，再第二次投入其余50%的粮，称为糙沙。原料仅少部分粉碎。发酵一个月后出窖蒸酒，以后每发酵一个月蒸酒一次，只加大曲不再投料，共发酵7次，历时8个月完成一个酿酒发酵周期。

下沙操作取占总投粮量50%的高粱。其中80%高粱为整粒，20%经粉碎，加90℃以上的热水（发粮水）润粮4～5小时，加水量为粮食的42%～48%。继而加入去年最后一轮发酵出窖而未蒸酒的母糟5%～7%拌匀，装甑蒸粮1小时，至七成熟，带有三成硬心或白心即可出甑。在晾场上再加入为原粮10%～12%量的90℃热水，拌匀后摊开冷散至30℃～35℃。洒入尾酒及加兑投粮量10%～12%的大曲粉，拌匀收拢成堆，温度约30℃，堆积4～5天。待堆顶温度达到45℃～50℃，堆中酒醅有香甜味和酒香味时，即可入窖发酵。下窖前先用尾酒喷洒窖壁四周及底部，并在窖底撒些大曲粉。酒醅入窖时同时浇洒尾酒，其总用量约30%，入窖温度为35℃左右，水分42%～43%，酸度0.9，淀粉浓度为32%～33%，酒精含量1.6%～1.7%，用泥封窖发酵30天。

糙沙操作取总投粮量的其余50%高粱，其中70%高粱为整粒，30%经粉碎。润料同上述下沙一样。然后加入等量的下沙出窖发酵酒醅混合装甑蒸酒蒸料。首次蒸得的生沙酒，不作为原酒入库，全部泼回出甑冷却后的酒醅中，再加入大曲粉拌匀收拢成堆，堆积、入窖操作同下沙，封窖发酵1个月。出窖蒸馏，量质接酒即得第一次原酒，入库贮存，此为糙沙酒。此酒甜味好，但味冲，生涩味和酸味重。

第3轮至第8轮次操作蒸完糙沙酒的出甑酒醅摊晾、加尾酒和大曲粉，拌匀堆积，再入窖发酵1个月，出窖蒸得的酒也称回沙酒。以后每轮次的操作方法同上，分别蒸得第3次、第4次、第5次原酒，统称为大回酒。此酒香浓、味醇、酒体丰满。第6次原酒称为小回酒，醇和、糊香好、味长。第7次原酒称为追糟酒，醇和、有糊香，但微苦，糟味较大。经8次发酵，接取7次原酒后，完成一个生产酿酒周期，酒醅才能作为扔糟出售做饲料。

二、浓香型白酒——泸州老窖酒生产工艺简述

泸州老窖酒酿制技艺有着“国酿神技”之称，代表着中国浓香型曲酒酿造最高水平和最纯正血统的泸州老窖酒传统酿制技艺，简而言之，一共分为十一个步骤。

出窖。历经3~6个月的时间，在窖池中默默发酵的粮食已经达到了上甑蒸酒的要求，因此，酿酒师傅们将发酵好的粮食从窖池里取出来，这个过程称为出窖。出窖时，需用镰刀将窖皮泥划为若干方块、剥开，然后将窖皮泥运到泥坑中。当窖皮泥被剥开完毕之后，需要把发酵好的糟醅按层取出，在堆糟坝上分层堆砌，形成一个个方正的糟醅台，同时，撒上一层糠壳覆盖在糟醅表层，以减少酒分子的挥发。**出窖时，会将窖池中表面大约四分之一的糟醅单独堆砌，这部分糟醅因已循环蒸酒多次，酒分子已被蒸馏完毕，所以最后一次蒸馏后将被丢弃，即为丢糟。**

拌料。在上甑蒸酒之前，酿酒师傅们会在出窖的糟醅中加入润好的新鲜高粱粉和称重好的糠壳，并搅拌均匀。新加入的高粱和糠壳的量与丢糟相同，大约为四分之一。因此，蒸酒并丢糟后，次轮入窖发酵的糟醅总量并没有改变。**加入高粱粉是为了能够吸收出窖糟醅中的有机酸和水分，使淀粉率先膨胀，利于在蒸粮时能充分糊化。而加入糠壳，是起疏松作用，便于在蒸粮时酒分子的顺利蒸发。**

上甑。上甑时，酿酒师傅们通过“回马上甑”“轻撒匀铺”的传统技艺，在上甑过程中保证平铺在甑桶中的糟醅疏松、蒸馏时蒸汽由下而上穿汽均匀，尽可能地带走糟醅中的酒分子，以利于出酒。糟醅上甑完毕后，盖上云盘，连接好天锅。

蒸馏。固态大曲酒的蒸馏蒸煮分为清蒸和混蒸两种方法，**泸州老窖采用的是混蒸操作法，即将糟醅和粮食原料及糠壳混合在一起，蒸酒蒸粮同时进行，故又叫续糟混蒸混烧操作法。**

看花摘酒。蒸酒过程中，各段酒的风格及微量成分是不同的。摘酒时，应根据各自的特点进行量质分段摘酒。看花摘酒是个技术活，在摘酒时需要用眼、鼻、舌来判断酒质的优劣。**一般酿酒师傅们在摘酒时会选择看酒液滴落时形成的酒花，酒花颗粒大而细腻，且消散慢，则表明酒度数越高，质量越好，反之亦然。**

出甑。摘酒后，缓火蒸酒阶段结束，进入大火蒸粮阶段，大约40～50分钟蒸粮结束，结束之后把糟醅从甑桶里取出，并在堆糟坝上堆好。

打量水。出甑后，还要入窖继续进行发酵的糟醅被立即堆拢、收齐、拉平，然后开始打量水。量水需泼洒均匀，使糟醅吃水均匀。打量水的目的是使糟醅达到必要的含水量，以利于糖化发酵的正常进行。同时，量水的温度需保持在85℃以上，以便消灭杂菌。

摊晾。打量水完毕之后，即可上摊晾设备降温。在摊晾时，糟醅需撒散、撒平，厚度3厘米左右。摊晾的目的主要是使出甑后的糟醅迅速降温至规定的入窖温度，并排放酸气。摊晾时间不宜过久，以免杂菌感染和淀粉老化。

下曲。在摊晾时，当糟醅的温度达到规定温度时，方可加入曲药，并搅拌均匀。**酿酒师傅们采取“脚踢手摸”的传统方式判别撒曲粉的时机。**

入窖。当入窖糟的温度达到入窖要求时，立即将入窖糟转运入窖内。每甑入窖糟入窖后，须挖平沿边踩窖。**踩窖的目的在于控制糟醅中的氧气含量，因糟醅发酵氧气不能太多，但也不能没有。窖池中间部分依照不同季节适当踩窖，因为不同季节糟醅发酵需要氧气的含量并不一样。**

封窖。糟醅入窖后，要逐甑清理、挖平、踩紧、拍光，最后一甑糟醅入窖后立即封上窖皮泥，窖皮泥的厚度为10～15厘米，然后用泥掌刮平抹光。封窖要严密，不能有漏洞。封窖的目的在于杜绝空气与杂菌进入窖内，抑制好气性细菌的繁殖，使酵母菌在窖内进行正常的酒精发酵。

封窖后便进入了下一轮的发酵期，一轮的酿酒便结束了。

三、清香型白酒——汾酒生产工艺简述

1. 原料粉碎

原料主要是高粱和大曲（制大曲用大麦、豌豆为原料，制曲温度比浓香、酱香低，不超过 50℃，一般控制在 45℃），要求籽粒饱满、皮薄壳少。壳过多，会导致酒质苦涩，应进行清洗。新收获的高粱要先贮存三个月以上方可投产使用。高粱通过辊（gǔn）式粉碎机破碎成 4 ~ 8 瓣即可，其中能通过 1. 2 毫米筛孔的细粉占 2% ~ 35%，粗粉占 65% ~75%。整粒高粱不超过 0. 3%。同时要根据气候变化调节粉碎细度，冬季稍细，夏季稍粗，以利于发酵升温。

所用的大曲有清茬、红心、后火三种，应按比例混合使用，一般清茬、红心各占 30%，后火占 40%。三种大曲在生产工艺、生化指标、微生物种群数量及产酒量上都存在差异，主要因制曲温度不同而有差异。要注意大曲的液化力、糖化力和发酵力等生化特性，还要注意曲的外观质量，要求清茬曲断面茬口呈青灰色或灰黄色，无其他颜色掺杂在内，气味清香。红心曲断面中间呈一道红，点心的高粱糁红色。无异圈、杂色，具有曲香味。后火曲断面呈灰黄色，有单耳、双耳，红心呈五花茬口，具有曲香或炒豌豆香。

大曲粉碎较粗，大糙发酵用的曲，可粉碎成大的如豌豆、小的如绿豆，能通过 1. 2 毫米筛孔的细粉不超过 55%；二糙发酵用的大曲粉，要求大的如绿豆，小的如小米，能通过 1. 2 毫米筛孔的细粉不超过 70% ~75%。大曲粉碎细度会影响发酵升温的快慢，粉碎较粗，发酵时升温较慢，有利于进行低温缓慢发酵；颗粒较细，发酵升温较快。大曲粉碎的粗细，也要考虑气候的变化，夏季应粗些，

冬季可稍细。

2. 润糁（sǎn）

粉碎后的高粱原料称为红糁。蒸料前要用较高温的水润料，称作高温润糁。

润糁的目的是让原料预先吸收部分水分，利于蒸煮糊化，而原料的吸水量和吸水速度与原料的粉碎度和水温的高低有关。在粉碎细度一定时，原料的吸水能力随着水温的升高而增大。采用较高温度的水来润料可以增加原料的吸水量，使原料在蒸煮时糊化加快；同时使水分能渗透到淀粉颗粒的内部，发酵时，不易淋浆，升温也较缓慢，酒的口味较为绵甜。另外，高温润糁能促进高粱所含的果胶质受热分解形成甲醇，在蒸料时先行排除，降低成品酒中的甲醇含量。高温润糁是提高曲酒质量的有效措施。

高温润糁操作要求严格，润糁水温过高，易使原料结成疙瘩（gē da）；水温过低，原料入缸后容易发生淋浆现象。场地卫生不佳，润料水温过低，或者不按时搅拌，都会在堆积过程中发生酸败变馊。要求操作迅速，快翻快拌，既要把糁润透，无干糁，又要不淋浆，无疙瘩、无异味，手搓成面而无生心。

3. 蒸料

蒸料也称蒸糁。目的是使原料淀粉颗粒细胞壁受热破裂，淀粉糊化，便于大曲微生物和酶的糖化发酵，产酒生香。同时，杀死原料所带的一切微生物，挥发掉原料的杂味。

原料采用清蒸。蒸料前，先煮沸底锅水，在甑篦上撒一层稻壳或谷壳，然后装甑上料，要求见汽撒料，装匀上平。圆汽后，在料面上泼加60℃的热水，称为“加闷头浆”，加水量为原料量的1.5%～3%。整个蒸煮时间需80分钟左右，初期品温在98℃～99℃，以后加大蒸汽，品温会逐步升高，出甑前可达105℃左右。红糁经过蒸煮后，要求达到“熟而不黏、内无生心，有高粱香味，无异杂味”。

在蒸料过程中，原料淀粉受热糊化，形成α一化的三维网状结构。高粱所含的主要糖分蔗糖也受热而转化成还原糖。蛋白质受热变性，部分分解成氨基酸，在蒸煮过程中与糖发生羰基氨基反应，生成氨基糖。单宁也在高温下氧化，都加深了糁的颜色。由果胶质分解出的甲醇也在蒸料时被排出。

蒸料时，红糁顶部也可覆盖辅料，一起清蒸，辅料清蒸时间不得少于30分钟，清蒸后的辅料，应单独存放，尽量当天用完。

4. 加水、扬冷、加曲

蒸后的红糁应趁热出甑并摊成长方形，泼入原料量30%左右的冷水（最好为18℃～20℃的井水），使原料颗粒分散，进一步吸水。随后翻拌，通风晾凉，一般冬季降温到比入缸温度高2℃～3℃即可，其他季节散冷到与入缸温度一样就可下曲。

下曲温度的高低影响曲酒的发酵，加曲温度过低，发酵缓慢；温度过高，发酵升温过快，醅子容易生酸。尤其在气温较高的夏天，料温不易下降，翻拌扬凉时间又长，次数过多，使杂菌有机可乘，在发酵时易于产酸，影响发酵正常进行。根据经验，加曲温度一般控制如下：春季20℃～22℃，夏季20℃～25℃，秋季23℃～25℃，冬季25℃～28℃。

加曲量的大小，关系到酒的出率和质量，应严格控制。用曲过多，既增加成本和粮耗，还会使醅子发酵升温加快，引起酸败，也会使有害副产物的含量增多，致使酒味变得粗糙，导致酒质下降。用曲过少，有可能出现发酵困难、迟缓，顶温不足，发酵不彻底，影响出酒率。加曲量一般为原料量的9%～11%，可根据季节、发酵周期等加以调节。

5. 入缸发酵

典型的清香型大曲酒是采用地缸发酵的。地缸系陶缸，埋入地下，缸口与地面相平。楂子入缸前，应先清洗缸和缸盖，并用0.4%

的花椒水洗刷缸的内壁，使缸内留下一种愉快的香气。

大楂入缸时，主要控制入缸温度和入缸水分，而淀粉浓度和酸度等都是比较稳定的，因为大楂醅子是用纯粮发酵，不配酒糟，其入缸淀粉含量常达38%左右，但酸度较低，仅在0.2左右。这种高淀粉低酸度的条件，酒醅极易酸败，因此，更要坚持低温入缸，缓慢发酵。入缸温度常控制在11℃～18℃，比其他类型的曲酒要低，以保证酿出的酒清香纯正。

入缸温度也应根据气温变化而加以调整，在山西地区，一般9～10月的入缸温度以11℃～14℃为宜，11月份以后以9℃～12℃为宜；寒冷季节，发酵室温约为2℃左右，地温6℃～8℃，入缸温度可提高到13℃～15℃；3～4月份气温和室温均已回升，入缸温度可降到8℃～12℃；5～6月份开始进入热季，入缸温度应尽量降低，最好比自然气温低1℃～2℃。

大楂入缸水分以53%～54%为好，最高不超过54.5%。水分过少，醅子发干，发酵困难；水分过大，产酒较多，但因材料过湿，难以疏松，影响蒸酒，且酒味显得寡淡。

大楂入缸后，缸顶要用石板盖严，再用清蒸过的小米壳封口，还可用稻壳保温。一般发酵期为21～28天，个别也有长达30余天的。发酵周期的长短，与大曲的性能、原料粉碎度等有关，应该通过生产试验确定。在边糖化边发酵的过程中，应着重控制发酵温度的变化，使之符合前缓、中挺、后缓落的规律。

6. 出缸、蒸馏

发酵结束，将大楂酒醅挖出，拌入18%～20%的填充料疏松。开始的馏出液为酒头，酒度在75%vol以上，含有较多的低沸点物质，口味冲辣，应单独接取存放，可回入醅中重新发酵，摘取量为每甑1～2千克。酒头摘取要适量，取得太多，会使酒的口味平淡；接取太少，会使酒的口味暴辣。酒头以后的馏分为大楂酒，酸、酯含量都较高，香味浓郁。当馏分酒度低于48.5%vol时，开始截取酒尾，酒尾回入下轮复蒸，收尽酒精和高沸点的香味物质。流酒结束，敞口大汽排酸10分钟左右。蒸出的大楂酒，入库酒度控制在67%vol。

7. 二次发酵

为了充分利用原料中的淀粉，蒸完酒的大楂酒醅需继续发酵一次，这叫二楂发酵。**其操作大体上与大楂发酵相似，是纯糟发酵，不加新料，发酵完成后，再蒸二楂酒，酒糟作为扔糟排出。**

二楂发酵结束后，出缸拌入少量小米壳，即可上甑蒸得二楂酒，酒糟作为扔糟。如发酵不好，残余淀粉偏高，可进行三楂发酵。或加糖化酶，酵母进行发酵，使残余淀粉得到进一步的利用。

在整个清楂法发酵中，常强调"养大楂，挤二楂"。所谓"养大楂"是因为大楂发酵是纯粮发酵，入缸淀粉含量高，发酵时极易生酸，所以要想方设法防止酒醅过于生酸。所谓"挤二楂"是因为在"清蒸二次清"工艺中，楂子发酵二次，即为扔糟，为了充分利用原料中的淀粉产酒产香，所以在二楂发酵中应根据大楂醅子的酸度来调整二楂的入缸温度，保证二楂酒醅正常发酵，挤出二楂的酒来。当二楂入缸酸度在1.6以上时，酸度每增加0.1，入缸温度可提高1.8℃。实践证明，如果大楂酒醅养得好，醅子酸度正常，不但流酒多，二楂发酵产酒也好。如果大楂养不好，有酸败，不但影响大楂流酒，还会影响二楂的正常发酵。

为了提高清香型大曲白酒的质量，在发酵中也可采取回醅发酵或回糟发酵，回醅量和回糟量分别为5%，这样可以提高成品酒的总酸、总酯含量，优质品率也可提高25%~40%。

8. 贮存勾兑

蒸馏得到的大楂酒、二楂酒、合格酒和优质酒等，要分别贮存三年，在出厂前进行勾兑，然后灌装出厂。

清香型酒的勾兑总体上要比其他香型白酒简单，因为清香型酒合格品和优质品很高，勾兑只是进行大比例的混合降度。采用气相色谱微机勾兑系统，结合感观品尝，对酒进行分缸混合勾兑。

四、米香型白酒生产工艺简述

工艺流程：大米浸泡→淋干→装甑→初蒸→泼第一次水→续蒸→泼第二次水→复蒸→搅散→摊冷→加小曲粉→下缸→开窝→加温水→泡糟→挖入醅缸→发酵→蒸馏

浸米、蒸米：大米浸泡20分钟后，用清水淋洗干净并沥干。大米入甑，待圆汽后在常压下初蒸15～20分钟。然后第一次泼入约为大米量60%的热水，并上下翻倒几次，上盖待圆汽后再蒸15～20分钟，再进行第二次泼水，水量为大米量的40%左右，翻匀、加盖圆汽后再蒸20分钟。要求饭粒熟而不黏，粳（jīng）质米要求摊凉后的出饭率为215%～240%，饭粒含水量为60%～63%。

扬冷、拌曲：将米饭打散、扬冷后，即可拌曲。

入缸固态培菌糖化：每缸投入米饭量折合大米为15～20千克，饭层厚度为10～13厘米，夏薄冬厚。在饭层中央挖一个呈喇叭形的穴，以利于通气及平衡品温。待品温下降至32℃～42℃时，用簸箕盖好，并根据气温做好保温或降温工作。

通常在入缸后，夏天为5～8小时，冬天为10～12小时，品温开始上升。夏天经16～20小时，品温升至38℃～42℃，冬天需要24～26小时才升至34℃～37℃。这时可闻到香味，饭层高度下降，并有糖化液体流入穴内。糖化率达70%～80%，这时应立即加水。如果过早加水，则由于酶系形成不充分，会影响出酒率。如果延长培菌糖化时间，则出酒率也较低，且成品酒酸度过高而风味差。

半固态发酵：培菌糖化后，根据室温、品温及水温，加入原料量120%～125%的净水，使品温为34℃～37℃。正常情况下，加水拌匀后的酒醅，其糖分为9%～10%，总酸不超过0.7，酒精体积分数为2%～3%。然后，小缸转入大醅缸，用塑料薄膜封口，并做好保温或降温工作。发酵期为5～7天。成熟醅的酒精体积分数为11%～12%，总酸为0.8～1.2，残糖在0.5%以下。

蒸馏：成熟酒醅转入蒸馏锅或蒸馏釜，再加入上一锅的酒头和酒尾。上盖，封好锅边，连接过汽筒及冷却器后，开始蒸馏。火力要均匀，以免焦醅或跑糟，影响品质。冷却器上面的水温不能超过55℃。先摘除酒头0，5～2.5千克。如果酒头呈黄色并有焦气和杂味等现象时，应将酒头接至合格为止。再接中酒，待混合酒精含量为58%时，接酒尾。

原酒质量指标：感官指标：无色透明，口味佳美、醇厚、回甜。

存储：合格原酒储存于缸内，封好缸口后，存一年以上，再化验，勾兑后出厂。

第三节　白酒小知识

一、中国白酒部分知名品牌核心诉求

中国白酒部分知名品牌核心诉求，如表7-1所示。

表7-1　中国白酒部分知名品牌核心诉求

中国白酒部分知名品牌核心诉求		
1	茅台	国酒茅台：酿造高品位生活
2	五粮液	中国的五粮液，世界的五粮液
3	国窖1573	你可以品味的历史
4	洋河蓝色经典	世界上最宽广的是海，比海更高远的是天空，比天空更博大的是男人的情怀 洋河蓝色经典，男人的情怀

续表

5	剑南春	唐时宫廷酒，盛世剑南春
6	泸州老窖特曲	浓香正宗，中国味道
7	古井贡酒	高朋满座喜相逢，酒逢知己古井贡
8	郎酒	青花郎——中国两大酱香白酒之一
9	汾酒	汾酒·中国酒魂
10	水井坊	中国第一坊
11	今世缘	有喜庆今世缘，结婚当然今世缘，中国人的喜酒
12	迎驾	迎驾贡酒，国人的迎宾酒
13	牛栏山二锅头	正宗二锅头，地道北京味
14	衡水老白干	喝老白干，不上头
15	金徽酒	只有窖香，没有泥味
16	沱牌	悠悠岁月酒，滴滴沱牌情
17	酒鬼	让世界品味中国独特味道
18	金种子	恒温蕴藏，高端典范
19	天佑德青稞酒	喝青稞酒，就选天佑德
20	皇台	南有茅台，北有皇台
21	董酒	中国董酒，国密工艺
22	西凤	国脉凤香，荣耀中国
23	黄鹤楼酒	中部崛起，黄鹤楼酒
24	武陵酒	中国名酒，酱香武陵
25	宝丰酒	中国清香型白酒典范
26	宋河粮液	中国礼遇，国字宋河
27	四特东方韵	四特东方韵，世界因我而不同
28	白云边	往事越千年，陈酿白云边
29	稻花香	人生丰收时刻
30	女儿红	正宗绍兴酒，上好女儿红
31	杜康	酒祖杜康，分区窖藏
32	国台	贵州国台酒，酱香新领袖

二、历届名酒评选情况

自从中华人民共和国于1949年成立以来，分别于1952年、1963年、1979年、1984年、1989年进行了五次国家级的名酒评选活动，如表7－2所示。

第一届：1952年，北京，共评出四大名酒：茅台酒、汾酒、西凤酒、泸州老窖特曲。

第二届：1963年，北京，共评出八大名酒：五粮液、古井贡酒、泸州老窖特曲、全兴大曲、茅台酒、西凤酒、汾酒、董酒。

第三届：1979年，大连，共评出八种名酒：茅台酒、汾酒、泸州老窖特曲、五粮液、剑南春、古井贡酒、洋河大曲、董酒。（全兴大曲、西凤酒落选）

人们常说的八大名酒便是指1979年评选出的八种。

第四届：1984年，太原，共评出十三种名酒：茅台酒、汾酒、五粮液、泸州老窖特曲、洋河大曲、剑南春、古井贡酒、董酒、西凤酒、全兴大曲、双沟大曲、特制黄鹤楼酒、郎酒。

第五届：1989年，合肥，共评出十七大名酒：茅台酒、汾酒、五粮液、洋河大曲、剑南春、古井贡酒、董酒、西凤酒、泸州老窖特曲、全兴大曲酒、双沟大曲、特制黄鹤楼酒、郎酒、武陵酒、宝丰酒、宋河粮液、沱牌曲酒。

表7－2　历届名酒评选情况表

历届名酒评选情况				
企业名称	注册商标	产品名称	香型	届次
贵州茅台酒厂	飞天牌	贵州牌茅台酒	酱香型	①②③④⑤
杏花村汾酒总公司	古井亭	长城牌汾酒	清香型	①②③④⑤
泸州曲酒厂	泸州牌	泸州老窖	浓香型	①②③④⑤

续表

历届名酒评选情况				
企业名称	注册商标	产品名称	香型	届次
西凤酒厂	西凤牌	西凤酒	其它香型	①②④⑤
五粮液酒厂	五粮液牌	五粮液酒	浓香型	②③④⑤
亳州古井酒厂	古井牌	古井贡酒	浓香型	②③④⑤
洋河酒厂	羊禾牌	洋河牌洋河大曲	浓香型	③④⑤
绵竹剑南春酒厂	剑南春牌	剑南春酒	浓香型	③④⑤
遵义董酒厂	董牌	董酒	其他香	②③④⑤
古蔺郎酒厂	郎泉牌	郎酒	酱香型	④⑤
成都全兴酒厂	全兴牌	全兴大曲酒	浓香型	②④⑤
双沟酒厂	双沟牌	双沟大曲、特液	浓香型	④⑤
武汉市酒厂	黄鹤楼牌	黄鹤楼酒	浓香型	④⑤
常德武陵酒厂	武陵牌	武陵酒	酱香型	⑤
宝丰酒厂	宝丰牌	宝丰酒	清香型	⑤
鹿邑宋河酒厂	宋河牌	宋河粮液	浓香型	⑤
射洪沱牌酒厂	沱牌	沱牌曲酒	浓香型	⑤

备注：①②③④⑤分别代表评酒会届次，如①代表第一届，以此类推

三、1915 年首届巴拿马太平洋万国博览会是怎么回事

1915 年首届巴拿马太平洋万国博览会简称“巴拿马万国博览会”，也叫“1915 年巴拿马—太平洋国际博览会”（The 1915 Panama Pacific International Exposition）。当时主要是为了庆祝巴拿马运河开凿通航而举办的一次盛大的庆典活动。会址设在美国旧金山市，博览会从 1915 年 2 月 20 日开展，到 12 月 4 日闭幕，展期长达九个半月，总参观人数超过 18000000 人，**开创了世界历史上博览会历时最长、参加人数最多的先河。**中国作为国际博览会的初次参展者，第

一次在世界舞台上公开露面，并取得了令世界瞩目的成绩。

当时，巴拿马万国博览会设 6 个奖项，其中（甲）大奖章 Grandprize、（乙）荣誉奖章 Medalofhon-or 和（丁）金质奖章（Goldmedal）均为一等奖，（戊）银质奖章 Silvermedai 为二等奖，（己）铜质奖章 Bronzemedal 为三等奖，（丙）鼓励奖 Honorablemedal 只给证书不发奖牌。有意思的是，1915 年巴拿马万国博览会上所有的奖牌都是由美国著名设计雕刻家约翰·弗兰纳根雕刻的，但不知什么原因，所颁发的 20344 块奖章材质都不一样。我国共得大奖章 62 枚{屠坤华（中国第一个写有专著详尽介绍世博会的人）说 57 枚}，荣誉勋章 54 枚（屠坤华说 74 枚），金质奖章 250 枚（屠坤华说 258 枚），这 3 项一等奖章都是用铜压铸的，但用的铜材质都不一样。**“首先是我们所说的金奖、银奖、铜奖其意义更多的是指所获奖项的等级，而并非特指奖牌本身是金质、银质或铜质。**世博会的大部分奖牌材质是铜，但有纯铜（紫铜）、黄铜（铜锌合金）、青铜（铜锡合金）之分（《世博会奖牌收藏与鉴赏》仝冰雪著）。只有二等奖银奖是银质材料，我国共获 337 块。三等铜质奖 258 块是各种不同的材质做的；鼓励奖 227 个证书（《1915 万国博览会游记》屠坤华）。同时“参展商在获得金牌或银牌后，有人要求镀金或镀银，甚至要求用纯金制造金牌，组委会即提供这项服务，但要收取相应费用”（《世博会奖牌收藏与鉴赏》仝冰雪著 P14）。

四、为何浓香型白酒在中国白酒市场总量的占比超过 70%

浓香型白酒在中国白酒市场总量的占比超过 70%，但是它不是一开始就在整个白酒中占这么高的比例。其实第一届全国评酒会的时候，四大名酒中浓香型只有一个，只占了 25%；1963 年第二届全国评酒会，8 个名酒中浓香型就占了 4 个，达到 50%；第三届达到最高比例，在 8 个名酒当中占到了 5 个；1984 年第四届在 13 个名酒中占了 7 个；1989 年第五届在 17 个名酒中占了 9 个。

新中国成立之初，中国白酒行业中以泸州老窖一家独大，继而成为全国酿酒行业积极学习和模仿的典范。

1959 年，泸州老窖公司主编的新中国第一本酿酒教科书《泸州老窖大曲酒》问世，泸州老窖大曲酒属于浓香型白酒，追随者根据书中叙述的酿酒技艺所酿之酒自然也就是浓香型白酒。

1985 年至 1989 年，受商业部、轻工部、农牧渔部和四川省商业厅等单位的委托，泸州老窖职工学校开办了 2～5 个技术班，为兄弟酒厂代培技术骨干，这些技术骨干后来均成为当地酒厂的技术骨干乃至分管技术的厂级干部，为浓香型大曲酒的推广做出了巨大贡献。

五、为何现在市面上高度浓香型白酒的度数普遍在 52°

从制造工艺上来说，水分子和酒精分子缔合最好的度数是 52°～54°，此时酒的口味最醇和。比如酱香型酒经过发酵蒸馏得出的第三、第四、第五轮次的酒是最好的酒，大约是 53°。而浓香型酒在酿造过程中，经历“掐头去尾取中间”的生产工序，产出的酒度数也是在 52°左右。除此之外，最明显的例子就是作为酱香典范的茅台，由于酿酒工艺的原因，酒酿出来后的度数并没有像浓香型等其他香型度数在 60°以上，而是在 55°～58°，作为正宗的酱香酒，酿出来后是不适宜直接喝的，除了要经过传统的脱新期外，还要再储存 3 年左右，此时酒的度数大概就降低到 53°左右。

从 52°白酒的发展来说。泸州大曲酒从 1953 年开始出口，由香港转销世界各国，年销量大约在 50 吨。那时出口到国外的泸州大曲酒度数都是 60°，算是极烈的酒种。虽然当时国外市场希望中国能出口更低度数的白酒来迎合出口市场需求，但对于当时的白酒行业来说，给中国白酒降度其实是一项技术难题。**因为若酒度下降到 55°以下，就会出现浑浊现象**，而当酒度提高或酒温上升，酒体又会变得透明澄清，不同酒种临界点并不相同。当然，这只是一个单纯的物理现象，虽不会影响酒质，但会让消费者产生误解，认为所买的酒是不合格产品，存在严重质量问题。所以，当时各个厂家生产的白酒酒度一般保持在55°～65°。后来中国研究员一直在不断地寻找给中国白酒降度的同时，又能保证酒体不浑浊的办法，通过不断地试验及探索，最终成功将泸州老窖大曲酒的酒度从60°降至52°，随后普及到全国各白酒企业，同时推向国外市场。

六、茅台为什么是53°最为经典

从茅台酒诞生以来，特别是1951年茅台酒厂国营之后，高度茅台酒的度数一直在53°左右。历史上也曾有过54°和53±1°的茅台酒，后来随着生产工艺的稳定和对茅台酒品质认知的提高，最后确定高度茅台酒的度数为53°。

有个经典的科学实验：53.94毫升的纯酒精加49.83毫升的水，混合物体积不是103.77毫升而是100毫升，减少了3.77毫升。

即：53.94+49.83=100，而不等于103.77。这个公式能证明什么呢？原来，蒸馏酒在53%vol，即53°**时，水分子和酒精分子缔合得最紧密**。

七、酱香型白酒酒体为什么会发黄

酱香型白酒中联酮类化合物含量较高，主要来源于酿造和储存环节，尤其是白酒储存过程中，酒体内部发生着缓慢而复杂的化学变化，使联酮类化合物的含量增加，因此酱香型白酒的储存时间越长，酒色越绿黄。

八、优质低度酒工艺比高度酒复杂吗

我国白酒的特点是甘冽芳香，酒度较高。一旦降度，就会出现以下问题：一是和原酒的风味、风格有明显变化；二是降度后出现浑浊（白浊）乃至沉淀；三是口味不调和、易出现水味。因此，低度白酒的生产要求保持原酒风格，又不能出现浑浊现象，要保证低度白酒“低而不淡”“低而不杂”“低而不浊”的质量，并具有明显的典型性。

各酒厂生产低度白酒的过程基本是一致的。低度白酒生产一般要经过选择酒基、加水降度、处理浑浊、调香调味、静置贮存等一系列工艺才能生产出优质的低度白酒。低度白酒生产中的勾兑工作比高度酒勾兑难度要大一些，一些名优低度白酒要经过数次勾调，要保持低度白酒低而不淡、绵柔、后味净甜。而处理降度后的浑浊，手段多种多样，但要把出现浑浊的物质适当除去，又不至于使其他香味物质也被同时除去，难度也很大。

九、为什么白酒是陈的香

一般说来，新酒刺激性大、气味不正，往往带有邪杂味和新酒味，经过一定时期的贮存，酒体变得绵软、香味突出，较新酒醇香、柔和，这种现象叫作白酒的老熟。白酒在老熟过程中的变化，大体分为物理变化和化学变化两个方面。

物理变化主要是酒分子重新排列和挥发过程。白酒中自由度大的酒精分子越多，刺激性越大。随着贮存时间的延长，酒精与水分子间逐渐构成大的分子缔合群，酒精分子受到束缚，活性减少，在味觉上就给人以柔和的感觉。在贮存过程中，一些低沸点的不溶性的气体或液体，如硫化氧、丙烯醛及其他低沸点的醛类、酯类能够自然挥发。经过贮存，使杂味物质自然娩出，老熟的酒就可以大大减轻刺鼻辣眼感并增加香味。但是也并非无限期地延长贮存期，有些类型的酒（如清香型）贮存时间过长，反而会降低香味。

白酒在自然老熟中的化学变化，主要是氧化、还原、酯化等综合变化。白酒中所含的酯类物质是酒中主要香味成分之一。酯的形成，主要是在发酵过程中微生物的作用所产生的，但是在贮存过程中亦通过缓慢的酯化反应而形成。贮存过程中，一部分酒精被氧化而成为乙醛，乙醛进一步氧化生成醋酸，醋酸进一步与酒精作用生成醋酸乙酯和高级酯。一部分醛与酒精作用生成缩醛类，从而使酒体减少辛辣味，增加香味，赋予酒体芳香、柔和、软绵和谐调之感。

白酒的成分非常复杂，专家们经过多年研究已经知道白酒中散发香味的物质是乙酸乙酯。但是，新酒中乙酸乙酯的含量非常少，相反，一些醛、酸物质很多，这些物质不仅没有香味，还会刺激喉咙，所以新酿的酒会非常难喝。

经过存放后酒里的醛、酸等物质不断地氧化和挥发，而且逐渐生成具有芳香气味的乙酸乙酯，使酒质醇厚，产生酒香，所以有人也会说酒是有生命的，每天都在变化。但变化的速度慢，有的名酒往往需要存放几十年的时间，才能使口感达到最佳状态。我们熟知的茅台酒从酿造到出厂就需要 5 年时间。

现在有一些白酒在生产过程中会添加香精、香料，所以可能在长时间储存后，香精、香料会发生变化，酒的味道也会发生变化。

十、为什么说“窖龄老，酒才好”

泥窖酿酒，被誉为中国古代“第五大发明”。酿酒行业有句话叫作“千年老窖万年糟，酒好还需窖池老”。窖池作为白酒发酵生香的“胎盘”，窖池越老，富集繁衍的有益微生物越多，酒质就越好。例如以泸州老窖为代表的浓香型酒企采用独特的“续糟发酵”传统技艺，在漫长的酿酒过程中，每一轮新投入的粮食与老糟相互融合，混合生香。窖龄愈长，窖泥中繁衍的微生物种类和数量愈多，微生物代谢的香味物质也就愈多，产出的酒愈好、愈香醇。

十一、说说勾兑

勾兑又称组合，就是把同等而具有不同口味、不同酒质、不同或相同时期、不同工艺的酒，采用物理的方法，按统一的特定标准进行综合平衡的工艺技术，使之相互取长补短，改善酒质，以保持质量稳定，形成符合标准的成品酒或半成品酒，是平衡酒体，使其形成一定风味的专门技术。

调味：将勾兑成的基础酒在香味或口味某些方面的不足，通过极少量的调味酒，对基础酒进行调味，使之完全符合质量要求。

1. 为什么要勾兑

（1）固态法白酒的生产基本上是手工操作，敞口发酵，多种微生物共酵，尽管采用的原料、糖化发酵剂和生产工艺大致相同，但由于影响质量的因素较多（如自然条件，微生物种类的不同，季节的影响）。因此，每个酒窖生产的酒质量差异较大。而通过勾兑，则可以统一酒质、统一标准，使每批出厂的酒质量基本一致。

（2）班与班之间操作不同，配料不严格。

（3）窖与窖之间不同，窖面、窖中、窖底不同，产的酒质量不同。

（4）贮存期不同，酒质不同。

（5）勾兑可以提高酒的质量。相同质量等级的酒，其味道有所不同，有的醇和较好，有的后味较短，有的甜味不足，有的略带杂味等，通过勾兑可弥补缺陷，取长补短，使酒质更加完美，这对于生产名优白酒更加重要。

2. 勾兑中的奇特现象

（1）好酒和差酒相互勾兑，可使差酒的酒质变好。

差酒的香味成分中有一种或数种含量偏多或偏少，当它与比较多的酒组合时，偏多的香味成分得到稀释，偏少的香味成分得到补充，经勾兑后酒质变好。

（2）差酒与差酒勾兑，有时会变成好酒。

一种差酒中的香味成分有一种或数种含量偏高，另一种差酒中的香味成分有一种或数种含量偏低，二者恰好相反。经组合后相互得到补充，差酒就变成好酒。

（3）好酒和好酒勾兑，有时质量变差。

这种情况在勾兑不同香型白酒时容易发生。因为各种香型白酒的主要香味成分差异较大，尽管都是质量较好的酒，但由于不同香型酒的主要香味成分含量差异较大，经勾兑后，彼此的香味成分、量比关系被破坏，以致香味变淡或出现杂味，甚至改变了香型。

十二、鉴别纯粮食酒的办法

1. 如何通过冷冻法鉴别纯粮食酒

因为只有纯粮食酒中才会存在这种源于植物的不饱和脂肪酸，酒精酒是不存在的。所以我们可以利用冷冻浑浊的方法，来鉴别是否纯粮食酒。

首先，我们把酒放入冰箱冷冻层，静待一段时间。

其次，你会发现，若是纯粮食酒会变得浑浊；若是酒精酒，则不会发生任何反应。

最后，从冰箱取出酒在温暖的地方静置一段时间，酒体又会恢复至清澈的状态。

再告诉大家一个非常冷门的小知识——即便你把酒冷冻 8 个小时，也不会结冰！

因为纯酒精的冰点是 -114℃，即便是 53°的白酒换算冷冻冰点也至少要达到 -60℃ ~ -70℃。冰箱的温度是达不到这么低的，所以大家不用担心把白酒冻进去之后会爆。

2. 为什么说辨别白酒的好坏最实用的方法是看挂杯度

一般来说，纯粮酿造的酒，酒体比较厚重醇和，把酒杯倾斜后纯粮酒会慢慢回正，像蜜一样挂在杯壁上，因此一般通过挂杯与否来判断酒质好坏。

十三、实用的13种酒水鉴别方法

1. 看（主要用来鉴别白酒）

将酒倒入透明的酒杯（酱香酒的酒色透明或微黄），置于光线明亮处，举起酒杯轻轻晃荡，细看其色泽、透明度、黏稠度、挂杯效果、有无悬浮物和沉淀物等。轻轻地将酒杯晃动一下，看酒液流动的速度，比水流动的速度要慢，原因是白酒中含有多种微量元素。

2. 拈（主要用来鉴别白酒）

酒液在手指间能感觉到丝滑中带涩，与拈动热巧克力的感觉相似的为好酒，因为酒分子里有一层酯化物薄膜，富含的酯类物质与水分子在酒中长期地互相交融渗透，所以酒体才会有丝滑带涩的感觉。

3. 溢（主要用来鉴别啤酒）

将啤酒倒入干净的酒杯里，就会出现啤酒溢出酒杯一成的情况，主要原因就是啤酒中含有健康金属因子硒、锌、铁，这些物质的结合体使啤酒的结构富有张力。

4. 渗（主要用来鉴别葡萄酒）

将酒液慢慢地滴在餐巾纸上，酒液会均匀扩张，边缘色浅水迹小，这是好酒的标志。葡萄酒中酒精与水的比重不一样，其扩散的速度也不一样。葡萄酒经过长期的密封发酵后，酒曲先天发酵作用已显现，酒曲是核心因子，直接决定了葡萄酒的酒体与酯化物的融合度，酒越好融合度越高，与水融合也完美，则水迹就越小。

5. 搓（主要用来鉴别白酒）

将白酒倒入手掌中双手搓干，再轻嗅粮香和扑鼻的糟香，这一辨别方法简单快捷。这样做是因为白酒在形成风味质量前，要经过严格工艺处理，如果白酒中出现邪杂味、糠味、窖泥臭和霉味等，就是人为疏忽导致的，这样的酒为劣质酒，白酒能保持粮食原有风味是优质白酒的象征。

6. 品（主要用来鉴别白酒）

将酒杯送到嘴边，将酒含在口中2~5毫升，每次含入口中的量大致相同。尝酒入口时，使酒先接触舌尖，接着是舌面，再到舌头两侧，最后至舌根部，轻轻搅动舌头，使酒铺展到舌的全面，进行味觉的全面判断。

好酒具有入口柔和、香气饱满、醇香馥郁、回味悠长等特点。

7. 闻（主要用来鉴别白酒）

将酒杯举起，置酒杯于鼻下二厘米处，凝神屏气，轻吸慢嗅。充分调动嗅觉去感悟每一个香气分子。溢香性突出的酒，一倒出就香气四溢、芳香扑鼻，且香气谐调，主体香突出，风格明显，无其他杂气味，这种香气让人有馨香飘逸的感觉。注意在闻的时候，不能对酒呼气，防止酒体香气被影响。

8. 酒香无酒臭（主要用来鉴别白酒）

在品酒的过程中如果你遇上真正的好酒，2小时后虽有微醺但不上头，没有口干的感觉，没有一点酒气酒臭味，小便也无异味。

9. 融油（主要用来鉴别白酒）

白酒中富含酯类和醛类物质，这些物质使好的白酒酒体具有融油性的特点，如果您想测评一款酒的好坏时，您可以在酒中滴一滴食用油，如果食用酒在酒中能自然均匀扩散和下沉则为好酒。

10. 酒花——晃酒瓶（主要用来鉴别白酒）

将酒瓶倒置就能见到分布均匀的酒花，上翻时密度间隙明显，酒液清澈且酒花缓慢消失。酒花与酒精度高低及乙酸乙酯物质比例相关，比例不同，酒花呈现的形态也不同，优质好酒的特点是酒花细密，次之的白酒酒花粗疏。

把酒瓶倒过来摇晃，观察酒花变化，酒花密集且消失缓慢的是优质酒，酒花少消失较快的则为劣质酒。

11. 看执行标准（主要用来鉴别白酒）

根据生产工序的不同，白酒大致可分为液态法白酒、固态法白酒，以及固液法白酒。

代表的意义具体是指：

（1）液态法 GB/T20821：一般是食用酒精勾兑而成。

（2）固液法 GB/T20822：用不高于 30% 的固态纯粮基酒 + 食用酒精 + 香精 + 水勾兑而成。

（3）固态法：真正的粮食酒。

12. 茶水法（主要用来鉴别白酒）

往杯里倒入少量酒，再滴入几滴茶水。真酒颜色会变成淡黄色，假酒会立即变成紫黑色。对于高度白酒，可在茶杯中倒入半杯白酒，加上少许冷水后振摇几下，使其混合均匀，如果见杯中水变混，表明是用粮食为原料制成的酿造白酒，若水仍是清澈透明的，则可认定是用酒精兑制的。对于低于 30°的酿造白酒，用上述方法摇匀后虽不能见到明显的混浊，但其液面上会漂有油状物，而兑制白酒则无，可据此鉴别酿造白酒和兑制白酒。

13. 冷藏法（主要用来鉴别白酒）

冷藏法：根据脂类物理特性，1℃以下结晶、凝固。原浆酒里，含有脂类物质，在 1℃以下时，会结晶、凝固。用玻璃瓶装酒，放到冰箱冷冻时，半天就有凝结现象，放到冷藏室需要 3 天。就是说当酒液低于 1℃时，会有许多絮状物质出现，加热后絮状物质消失，这是脂类物质析出产生的现象。勾兑酒就不会有此现象。

十四、白酒为何不用易拉罐装

白酒不用易拉罐装，是因为乙醇等物质很容易酸败，产生的酸性物质会腐蚀罐体导致泄漏；此外，易拉罐通常装含大量气体的饮料，气体膨胀会增加罐壁强度，白酒中无大量气体，罐壁会不结实。装白酒的材料最好是陶瓷，酒在瓶中还能继续老熟，因此酒长期存放不会酯化水解，反而越放越香。

十五、白酒为什么不标保质期

国家有关法规规定，酒精度不低于10°的饮料酒，可以免除标注保质期。

酒精本身就杀菌。食物的变质是由细菌及微生物繁殖导致的。经过科学实验，一些有害微生物即使在酒精含量10%的液体里也不能生长繁殖，不产生有害物质。

现在密封技术发达，拥有良好的存储环境，中国高度白酒化学变化非常小，所以不需要标注保质期。

一些低度白酒不适合长期存放，因为白酒即便密封再好，也会因为长时间存放而“透气”，导致酒精挥发微生物繁殖，使酒“变质”。

十六、白酒为什么有时会有浑浊现象

一般来讲，优质白酒的视觉感官都是非常清澈的。所以，第一步就是要观察酒体的透光度、悬浮物、沉淀物，查看其是否有发暗、失光、浑浊、絮状物、颗粒片、粒状物等现象。

但是，切莫妄下判断。因为您不能忽视一个关键性因素——温度。冬天温度较低，会使酒体发生一些变化，溶液饱和度降低，析出不饱和脂肪酸颗粒。这是一种常见的化学原理。酒体里的浑浊现象，正是由这些不饱和脂肪颗粒造成的。

碰到这种状况，只需静待几日气温升高后，重新观察酒体是否恢复清澈状态，再作判断不迟。若并非质量原因，只是由于不饱和脂肪颗粒被析出而造成的浑浊现象，对酒质不会产生任何负面影响。

十七、白酒中的有害物质有哪些

甲醇。是一种有麻醉性的无色液体，能无限地溶于水和酒精中。它有酒精味，也有刺鼻的气味，毒性很大，对人体健康有害，过量饮用会出现头晕、头痛、耳鸣、视力模糊等症状。10 毫升甲醇可引起严重中毒，眼睛失明；急性者可出现恶心、胃痛、呼吸困难、昏迷等症状，甚至危及生命。

醛类。主要是在白酒的生产发酵过程中产生的。它有较大的刺激性和辛辣味。醛类中甲醛的毒性最大，饮含量 10 克的甲醛即可致人死亡。其次是乙醛和糠醛。乙醛是极易挥发的无色液体，能溶于酒精和水中。在蒸酒时，酒头含量最多，经过贮存，会逐渐挥发一些。人们经常喝乙醛含量高的酒，容易产生酒瘾。乙醛毒性相当于乙醇的 83 倍。因此，它在白酒中的含量必须是非常微小的。

杂醇油。为无色油状液体，是白酒的重要成分之一。从卫生角度来看，它是一种有害物质，含量过高会对人体有害，能使神经系统充血，使人头痛、头晕。喝酒上头，主要是杂醇油的作用。它在人体内氧化慢，停留时间长，容易引起恶醉。杂醇油的含量过多，加浆时还会引起白酒乳白色的浑浊。

铅。白酒中的铅主要来自酿酒设备、盛酒容器、销售酒具。铅对人体危害极大，它能在人体积蓄而引起慢性中毒，症状为头痛、头晕、记忆力减退、手握力减弱、睡眠不好、贫血等。

十八、喝酒脸红和白酒过敏是怎么回事

脸色发红是因为皮下暂时性血管扩张所致，这种人体内有高效的乙醇脱氢酶，能迅速将血液中的酒精转化成乙醛，而乙醛具有让毛细血管扩张的功能，会引起脸色泛红现象。也有些人天生体内的酶少，喝酒后酒精会使血管扩张，造成脸红。还有一些天生体内酶

多的人，即使多喝两杯，也能很快把酒精加以新陈代谢，不会出现满脸通红的样子。酶少的人可以通过长期喝酒来增加体内的酶，慢慢地喝酒就不再会脸红。除乙醛脱氢酶外，人体内还有一种叫作乙醛脱氢酶的物质，喝酒脸红的人只有前一种酶而没有后一种酶，导致乙醛在体内迅速累积而迟迟不能代谢，所以脸红的时间会比较久。乙醛停留时间越久，毒性作用也越大。不过，一般来说，过 1 ~2 小时后，红色就会渐渐褪去，这是因为肝脏中的细胞色素 P450 会慢慢将乙醛转化成乙酸，乙酸进入循环系统后会被代谢掉。

有人对白酒过敏是怎么回事？对白酒“过敏”其实就是对酒精过敏，症状一般表现为喝酒后全身发痒，身体出现红疙瘩、红斑点等。导致酒精过敏的两个必要条件是过敏体质和酒精。过敏体质大多是体内缺少乙醛转化酶，酒精在体内转化为乙醛后，因为体内缺少乙醛转化酶，不能再转化为乙酸排到体外，因此造成乙醛中毒，人就会出现各种过敏症状。而酒量大的人，就是因为体内这种酶多，能够将乙醛迅速转化掉，就不会出现中毒症状，也不容易醉酒。酒精过敏者，大都是过敏体质，而过敏体质一旦接触到酒精这一过敏源，就会出现各种过敏症状。因此，酒精过敏者最好禁饮白酒及其他含酒精的饮料，因为一旦饮用，不但会出现过敏症状，而且会导致免疫复合物沉积在内脏，产生病变。如果一定要饮酒，可事先服用清热解毒或温阳的药物来缓解症状。

十九、为什么有的酒喝了会上头

在白酒中，酒精、杂醇油和醛类是导致上头的主要原因。

酒精上头：饮酒后，进入人体的酒精大约有 10% 不发生任何变化，经由呼吸道、尿液和汗液直接排出体外，其余的经肝脏代谢，最终氧化分解成水和二氧化碳。而酒量小的人，体内缺乏乙醇脱氢酶和乙醛脱氢酶，不能使酒精快速转化成水和二氧化碳。这样乙醇就会随血液循环，造成心律失常、血压升高、脑部充血，出现头晕、头痛的现象。

杂醇油上头：少量的杂醇油是构成白酒酒体的重要成分，当酒中杂醇含量较高时，酒劲大，会造成神经系统充血，出现头痛、头晕情况，还会有宿醉的感觉。

醛类上头：白酒中的醛类主要包括乙醛、乙缩醛、糠醛等，沸点较低而容易从酒中释放出来，所以传统上认为醛类的存在有利于白酒的放香。然而醛类对人体的毒害比醇类还大。人体吸收醛类后，会引起交感神经兴奋，有害心肌，使血压升高，还会刺激黏膜系统。如酒中醛类含量过高，饮用后会造成口干舌燥、喉咙痛和胃痛。优质白酒贮存期长，醛类大部分已经挥发掉，由醛类引起的危害大为降低。

二十、白酒喝过量为何不要抠喉呕吐

催吐会导致腹内压增高，使十二指肠内容物（酒精、胃酸等）逆流，从而易引发急性胰腺炎。胰腺分泌的胰液本来是一点点进入胃部，帮助消化，但是急性胰腺炎将导致腐蚀性很强的胰液大量增加，并进入腹腔，腐蚀肝胆胰脾等内脏。据介绍，重症胰腺炎的临床死亡率在60%以上。

抠喉吐酒不仅会导致急性胰腺炎，还有可能导致食管破裂穿孔。据医生介绍，食管是咽和胃之间的消化管道。吃得太饱又喝酒的人，再人为刺激造成呕吐，会令胃部强力收缩，胃里的空气和食物会大量逆流到食管。而此时咽部肌肉正处于痉挛状态，从而导致食管内的压力骤然上升。人们的食管与各种食物亲密接触的过程中，在冷热交替刺激下最容易损伤食管黏膜，影响局部血液供应，降低食管壁的强度。当食管内压力超过了食管壁的耐受程度时，就会导致呕吐者的食管破裂。如果不及时进行抢救，病情会迅速发展，导致昏迷、休克，甚至死亡。

第四节 世界六大蒸馏酒简介

一、世界六大蒸馏酒有哪些

白酒是中国传统的蒸馏酒，与白兰地（Brandy）、威士忌（Whisky）、伏特加（Vodka）、金酒（Gin）、朗姆酒（Rum）并称为世界六大蒸馏酒。

二、什么是白兰地（Brandy）

白兰地，最初来自荷兰文，意为“烧制过的酒”。狭义上讲，是指葡萄发酵后经蒸馏而得到的高度酒精，再经橡木桶贮存而成的酒。白兰地是一种蒸馏酒，以水果为原料，经过发酵、蒸馏、贮藏后酿造而成。以葡萄为原料的蒸馏酒叫葡萄白兰地，常讲的白兰地，都是指葡萄白兰地。以其他水果原料酿成白兰地，应加上水果的名称，如苹果白兰地、樱桃白兰地等，但它们的知名度远不如前者大。

白兰地通常被称为“葡萄酒的灵魂”。世界上生产白兰地的国家很多，但以法国出品的白兰地最为驰名。而在法国产的白兰地中，尤以干邑地区生产的最为优质，其次为雅文邑（亚曼涅克）地区所产。除了法国白兰地外，其他盛产葡萄酒的国家，如西班牙、意大利、葡萄牙、美国、秘鲁、德国、南非、希腊等国家，也都有生产一定数量风格各异的白兰地。

在白兰地国家标准 GB11856 - 1997 中将白兰地分为四个等级，特级（X. O）、优级（V. S. O. P）、一级（V. O）和二级（三星和V. S）。

我们比较熟悉的马爹利（Martell）是产自法国干邑地区的著名

干邑白兰地品牌，也是世界上最古老、最驰名的白兰地酒。它是以其创始人的名字命名的。

三、什么是威士忌（Whisky）

威士忌是以大麦、燕麦、黑麦、小麦等谷物为原料，经发酵、蒸馏后放入橡木桶中醇化而酿成的高酒精饮料。**所有种类的威士忌都需要在橡木桶中贮陈一定时间才能装瓶出售。**

威士忌的酒度在40°以上，酒体呈浅棕红，有焦香气味。由于生产过程中的原料品种和用料比例的不同，以及麦芽培育的程序、烘烤麦芽的方法、蒸馏的方式、贮存用的橡木桶、贮存年限和勾兑技巧等的不同，形成了威士忌风味特异的各种酒品。

常见威士忌有皇家芝华士、海格、波威尔等。威士忌可单饮或加冰块饮用，也可加软饮料或水饮用，并可用于调制鸡尾酒。

四、什么是伏特加（Vodka）

伏特加（Vodka）是俄罗斯的传统酒精饮料，以谷物或马铃薯为原料，经过蒸馏制成高达95°的酒精，再用蒸馏水淡化至40°~60°，并经过活性炭过滤，使酒质更加晶莹澄澈，无色且清淡爽口，使人感到不甜、不苦、不涩，只有烈焰般的刺激，形成伏特加酒独具一格的特色。因此，伏特加酒是最具有灵活性、适应性和变通性的一种酒。

俄罗斯是生产伏特加酒的主要国家，但在德国、芬兰、波兰、美国、日本等国也都能酿制优质的伏特加酒。特别是在第二次世界大战开始时，由于俄罗斯制造伏特加酒的技术传到了美国，使美国也一跃成为生产伏特加酒的大国之一。

伏特加酒分两大类：一类是无色、无杂味的上等伏特加；另一类是加入各种香料的伏特加（Flavored Vodka）。伏特加的传统酿造法是以马铃薯或玉米、大麦、黑麦为原料，用精馏法蒸馏出酒度高达96°的酒精液，再使酒精液流经盛有大量木炭的容器，以吸附酒液中的杂质（每10升蒸馏液用1.5千克木炭连续过滤不得少于8小时，40小时后至少要换掉10%的木炭），最后用蒸馏水稀释至酒度40°~50°而成的。此酒不用陈酿即可出售、饮用，也有少量的如香型伏特加在稀释后还要经串香程序，使其具有芳香味道。伏特加与金酒一样都是以谷物为原料的高酒精度的烈性饮料，并且不需贮陈。但与金酒相比，伏特加甘冽、无刺激味，而金酒有浓烈的杜松子味道。

五、什么是金酒（Gin）

金酒是以玉米、大麦、小麦或裸麦为原料，经杜松子加味酿造蒸馏而得的一种烈酒。

金酒，又名叫杜松子酒，最先由荷兰生产，在英国大量生产后闻名于世，是世界第一大类的烈酒。

金酒诞生于17世纪中叶，是由荷兰莱顿大学的医学教授西尔维斯（Sylvius）首创的。最初是作为利尿、清热的药剂使用，不久人们发现这种利尿剂香气和谐、口味谐调、醇和温雅、酒体洁净，具有净、爽的自然风格，很快人们就将其作为正式的酒精饮料饮用。金酒的怡人香气主要来自具有利尿作用的杜松子。杜松子的加法有许多种，一般是将其包于纱布中，挂在蒸馏器出口部位。蒸酒时，其味便窜入酒中，或者将杜松子浸于绝对中性的酒精中，一周后再回流复蒸，将其味蒸于酒中。有时还可以将杜松子压碎成小片状，加入酿酒原料中，进行糖化、发酵、蒸馏，以得其味。有的国家和酒厂配合其他香料来酿制金酒，如荽子、豆蔻、甘草、橙皮等。而准确的配方，厂家一向是保密的。

金酒两大产酒国英国和荷兰金酒之间的不同。荷兰金酒色泽透明清亮，香味突出，风格独特，适宜于单饮，不宜做鸡尾酒的基酒。

英国金酒酒液无色透明，气味奇异清香，口感醇美爽适，既可单饮，也可与其他酒混合配制或作鸡尾酒的基酒。故有人称英国金酒为鸡尾酒的心脏。

六、什么是朗姆酒（Rum）

朗姆酒（英语：Rum；西班牙语：Ron），又译作兰姆酒或蓝姆酒，是以甘蔗糖蜜为原料生产的一种蒸馏酒，也称为糖酒、兰姆酒、蓝姆酒。原产地在古巴，口感甜润、芬芳馥郁。朗姆酒是用甘蔗压出来的糖汁，经过发酵、蒸馏而成的。根据不同的原料和不同酿制方法，朗姆酒可分为朗姆白酒、朗姆老酒、淡朗姆酒、朗姆常酒、强香朗姆酒等，含酒精 38% ~50%、酒液有琥珀色、棕色，也有无色的。

朗姆酒是否陈年并不重要，主要看是不是原产地。它分为清淡型和浓烈型两种风格。

清淡型朗姆酒是用甘蔗糖蜜、甘蔗汁加酵母进行发酵后蒸馏，在木桶中储存多年，再勾兑配制而成的。酒液呈浅黄到金黄色，酒度在 45° ~50°。清淡型朗姆酒主要产自波多黎各和古巴，它们有很多类型并具有代表性。

浓烈型朗姆酒是由搀入榨糖残渣的糖蜜在天然酵母菌的作用下缓慢发酵制成的。酿成的酒在蒸馏器中进行 2 次蒸馏，生成无色的透明液体，然后在橡木桶中熟化 5 年以上。

浓烈朗姆酒呈金黄色，酒香和糖蜜香浓郁，味辛而醇厚，酒精含量 45° ~50°。浓烈型朗姆酒以牙买加的为代表。

世人对朗姆酒也有许多评价，英国大诗人威廉·詹姆斯说：“朗姆酒是男人用来博取女人芳心的最大法宝。它可以使女人从冷若冰霜变得柔情似水。”

朗姆酒又称火酒，它的绰号为海盗之酒，因为过去横行在加勒比海地区的海盗都喜欢喝朗姆酒。

推荐作者得新书！

博瑞森征稿启事

亲爱的读者朋友：

感谢您选择了博瑞森图书！希望您手中的这本书能给您带来实实在在的帮助！

博瑞森一直致力于发掘好作者、好内容，希望能把您最需要的思想、方法，一字一句地交到您手中，成为管理知识与管理实践的桥梁。

但是我们也知道，有很多深入企业一线、经验丰富、乐于分享的优秀专家，或者忙于实战没时间，或者缺少专业的写作指导和便捷的出版途径，只能茫然以待……

还有很多在竞争大潮中坚守的企业，有着异常宝贵的实践经验和独特的洞察，但缺少专业的记录和整理者，无法让企业的经验和故事被更多的人了解、学习……

对读者而言，这些都太遗憾了！

博瑞森非常希望能将这些埋藏的"宝藏"发掘出来，贡献给广大读者，让更多的人从中受益。

所以，我们真心地邀请您，我们的老读者，帮我们搜寻：

推荐作者

可以是您自己或您的朋友，只要对本土管理有实践、有思考；可以是您通过网络、杂志、书籍或其他途径了解的某位专家，不管名气大小，只要他的思想和方法曾让您深受启发。

可以是管理类作品，也可以超出管理，各类优秀的社科作品或学术作品。

推荐企业

可以是您自己所在的企业，或者是您熟悉的某家企业，其创业过程、运营经历、产品研发、机制创新，等等。无论企业大小，只要乐于分享、有值得借鉴书写之处。

总之，好内容就是一切！

博瑞森绝非"自费出书"，出版费用完全由我们承担。您推荐的作者或企业案例一经采用，我们会立刻向您赠送书币 1000 元，可直接换取任何博瑞森图书的纸书或电子书。

感谢您对本土管理原创、博瑞森图书的支持！

推荐投稿邮箱：bookgood@126.com　　推荐手机：13611149991

企业案例·老板传记

	书名．作者	内容/特色	读者价值
企业案例·老板传记	**你不知道的加多宝：原市场部高管讲述** 曲宗恺　牛玮娜　著	前加多宝高管解读加多宝	全景式解读，原汁原味
	借力咨询：德邦成长背后的秘密 官同良　王祥伍　著	讲述德邦是如何借助咨询公司的力量进行自身与发展的	来自德邦内部的第一线资料，真实、珍贵，令人受益匪浅
	娃哈哈区域标杆：豫北市场营销实录 罗宏文　赵晓萌　等著	本书从区域的角度来写娃哈哈河南分公司豫北市场是怎么进行区域市场营销，成为娃哈哈全国第一大市场、全国增量第一高市场的一些操作方法	参考性、指导性，一线真实资料
	六个核桃凭什么：从0过100亿 张学军　著	首部全面揭秘养元六个核桃裂变式成长的巨著	学习优秀企业的成长路径，了解其背后的理论体系
	像六个核桃一样：打造畅销品的36个简明法则 王　超　范　萍　著	本书分上下两篇：包括"六个核桃"的营销战略历程和36条畅销法则	知名企业的战略历程极具参考价值，36条法则提供操作方法
	解决方案营销实战案例 刘祖轲　著	用10个真案例讲明白什么是工业品的解决方案式营销，实战、实用	有干货、真正操作过的才能写得出来
	招招见销量的营销常识 刘文新　著	如何让每一个营销动作都直指销量	适合中小企业，看了就能用
	我们的营销真案例 联纵智达研究院　著	五芳斋粽子从区域到全国/诺贝尔瓷砖门店销量提升/利豪家具出口转内销/汤臣倍健的营销模式	选择的案例都很有代表性，实在、实操！
	中国营销战实录：令人拍案叫绝的营销真案例 联纵智达　著	51个案例，42家企业，38万字，18年，累计2000余人次参与……	最真实的营销案例，全是一线记录，开阔眼界
	双剑破局：沈坤营销策划案例集 沈　坤　著	双剑公司多年来的精选案例解析集，阐述了项目策划中每一个营销策略的诞生过程，策划角度和方法	一线真实案例，与众不同的策划角度令人拍案叫绝、受益匪浅
	宗：一位制造业企业家的思考 杨　涛　著	1993年创业，引领企业平稳发展20多年，分享独到的心得体会	难得的一本老板分享经验的书
	简单思考：AMT咨询创始人自述 孔祥云　著	著名咨询公司（AMT）的CEO创业历程中点点滴滴的经验与思考	每一位咨询人，每一位创业者和管理经营者，都值得一读
	边干边学做老板 黄中强　著	创业20多年的老板，有经验、能写、又愿意分享，这样的书很少	处处共鸣，帮助中小企业老板少走弯路
	三四线城市超市如何快速成长：解密甘雨亭 IBMG国际商业管理集团　著	国内外标杆企业的经验＋本土实践量化数据＋操作步骤、方法	通俗易懂，行业经验丰富，宝贵的行业量化数据，关键思路和步骤
	中国首家未来超市：解密安徽乐城 IBMG国际商业管理集团　著	本书深入挖掘了安徽乐城超市的试验案例，为零售企业未来的发展提供了一条可借鉴之路	通俗易懂，行业经验丰富，宝贵的行业量化数据，关键思路和步骤

互联网＋

	书名．作者	内容/特色	读者价值
互联网＋	**新营销** 刘春雄　著	新营销的新框架体系是场景是产品逻辑，IP是品牌逻辑，社群是连接逻辑，传播是营销逻辑	助力品牌商实现由传统营销到新营销的理念和行动的跨越，助力企业打赢升级转型之仗
	企业微信营销全指导 孙　巍　著	专门给企业看到的微信营销书，手把手教企业从小白到微信营销专家	企业想学微信营销现在还不晚，两眼一抹黑也不怕，有这本书就够

续表

互联网+	**企业网络营销这样做才对：B2B大宗B2C** 张　进　著	简单直白拿来就用，各种窍门信手拈来，企业网络营销不麻烦也不用再头疼，一般人不告诉他	B2B、大宗B2C企业有福了，看了就能学会网络营销
	互联网时代的银行转型 韩友诚　著	以大量案例形式为读者全面展示和分析了银行的互联网金融转型应对之道	结合本土银行转型发展案例的书籍
	正在发生的转型升级·实践 本土管理实践与创新论坛　著	企业在快速变革期所展现出的管理变革新成果、新方法、新案例	重点突出对于未来企业管理相关领域的趋势研判
	触发需求：互联网新营销样本·水产 何足奇　著	传统产业都在苦闷中挣扎前行，本书通过鲜活的案例告诉你如何以需求链整合供应链，从而把大家熟知的传统行业打碎了重构、重做一遍	全是干货，值得细读学习，并且作者的理论已经经过了他亲自操刀的实践检验，效果惊人，就在书中全景展示
	移动互联新玩法：未来商业的格局和趋势 史贤龙　著	传统商业、电商、移动互联，三个世界并存，这种新格局的玩法一定要懂	看清热点的本质，把握行业先机，一本书搞定移动互联网
	微商生意经：真实再现33个成功案例操作全程 伏泓霖　罗晓慧　著	本书为33个真实案例，分享案例主人公在做微商过程中的经验教训	案例真实，有借鉴意义
	阿里巴巴实战运营——14招玩转诚信通 聂志新　著	本书主要介绍阿里巴巴诚信通的十四个基本推广操作，从而帮助使用诚信通的用户及企业更好地提升业绩	基本操作，很多可以边学边用，简单易学
	阿里巴巴实战运营2：诚信通热卖技巧 聂嵘海　著	诚信通TOP商家赚钱的密码箱，手把手教你操作，拿来就用	图文并茂，内容齐全，直接可以对照使用
	抖音营销如何做：未来抖商 刘大贺　著	解密从0到1亿粉丝的实操路径，深度剖析抖音营销全系统策略	企业做抖音营销的第一书
	微商团队长：从入门到精通 罗品牌　著	由浅入深，涵盖微商团队长必学技能的方方面面	只要照着做，就能当好微商团队长
	互联网精准营销 蒋　军　著	怎么在互联网时代整体策划、包装品牌和产品，并在此基础上为企业设计商业模式，技术实现并运营落地	为有基础的小微企业（大企业的新项目）1年实现销售额过亿，2年对接资本，3年左右准IPO
	今后这样做品牌：移动互联时代的品牌营销策略 蒋　军　著	与移动互联紧密结合，告诉你老方法还能不能用，新方法怎么用	今后这样做品牌就对了
	互联网+"变"与"不变"：本土管理实践与创新论坛集萃·2016 本土管理实践与创新论坛　著	本土管理领域正在产生自己独特的理论和模式，尤其在移动互联时代，有很多新课题需要本土专家们一起研究	帮助读者拓宽眼界、突破思维
	创造增量市场：传统企业互联网转型之道 刘红明　著	传统企业需要用互联网思维去创造增量，而不是用电子商务去转移传统业务的存量	教你怎么在"互联网+"的海洋中创造实实在在的增量
	重生战略：移动互联网和大数据时代的转型法则 沈　拓　著	在移动互联网和大数据时代，传统企业转型如同生命体打算与再造，称之为"重生战略"	帮助企业认清移动互联网环境下的变化和应对之道
	画出公司的互联网进化路线图：用互联网思维重塑产品、客户和价值 李　蓓　著	18个问题帮助企业一步步梳理出互联网转型思路	思路清晰、案例丰富，非常有启发性
	7个转变，让公司3年胜出 李　蓓　著	消费者主权时代，企业该怎么办	这就是互联网思维，老板有能这样想，肯定倒不了
	跳出同质思维，从跟随到领先 郭　剑　著	66个精彩案例剖析，帮助老板突破行业长期思维惯性	做企业竟然有这么多玩法，开眼界

续表

行业类:零售、白酒、食品/快消品、农业、医药、建材家居等			
书名．作者		内容/特色	读者价值
零售·超市·餐饮·服装	**总部有多强大,门店就能走多远** IBMG 国际商业管理集团　著	如何把总部做强,成为门店的坚实后盾	了解总部建设的方法与经验
	超市卖场定价策略与品类管理 IBMG 国际商业管理集团　著	超市定价策略与品类管理实操案例和方法	拿来就能用的理论和工具
	连锁零售企业招聘与培训破解之道 IBMG 国际商业管理集团　著	围绕零售企业组织架构、培训体系建设等内容进行深刻探讨	破解人才发现和培养瓶颈的关键点
	中国首家未来超市:解密安徽乐城 IBMG 国际商业管理集团　著	介绍了乐城作为中国首家未来超市从无到有的传奇经历	了解新型零售超市的运作方式及管理特色
	三四线城市超市如何快速成长:解密甘雨亭 IBMG 国际商业管理集团　著	揭秘一家三四线连锁超市的经验策略	不但可以欣赏它的优点,而且可以学会它成功的方法
	新零售　新终端 迪智成咨询团队　著	梳理和提炼新零售的系统打法,将之落地在新终端建设上	让新零售这一看似形而上的商业概念有了可以落地的立足点
	新零售动作分解:建材　家居　家具 盛斌子　著	第一本锁定在家居建材、家电、家装等耐用消费品领域谈新零售的书	第一本谈新零售的具体动作、策略、方法、招术的书,拿来就用
	新零售进化趋势与未来格局 李政权　著	通过业态、品类、体验、场景等,逐一呈现新零售的未来进化	就新零售未来的发展方向与进化趋势给出一个确定性的未来
	涨价也能卖到翻 村松达夫　【日】	提升客单价的 15 种实用、有效的方法	日本企业在这方面非常值得学习和借鉴
	移动互联下的超市升级 联商网专栏频道　著	深度解析超市转型升级重点	帮助零售企业把握全局、看清方向
	手把手教你做专业督导:专卖店、连锁店 熊亚柱　著	从督导的职能、作用,在工作中需要的专业技能、方法,都提供了详细的解读和训练办法,同时附有大量的表单工具	无论是店铺需要统一培训,还是个人想成为优秀的督导,有这一本就够了
	百货零售全渠道营销策略 陈继展　著	没有照本宣科、说教式的絮叨,只有笔者对行业的认知与理解,庖丁解牛式的逐项解析、展开	通俗易懂,花极少的时间快速掌握该领域的知识及趋势
	零售:把客流变成购买力 丁　昀　著	如何通过不断升级产品和体验式服务来经营客流	如何进行体验营销,国外的好经营,这方面有启发
	餐饮企业经营策略第一书 吴　坚　著	分别从产品、顾客、市场、盈利模式等几个方面,对现阶段餐饮企业的发展提出策略和思路	第一本专业的、高端的餐饮企业经营指导书
	餐饮新营销 杨　勇　程绍珊　著	在新环境下,对餐饮营销管理进行了全面深入的解读,提供了方式方法	全面性、系统性,区别于市面上的纯操作类作品
	电影院的下一个黄金十年:开发·差异化·案例 李保煜　著	对目前电影院市场存大的问题及如何解决进行了探讨与解读	多角度了解电影院运营方式及代表性案例
	赚不赚钱靠店长:从懂管理到会经营 孙彩军　著	通过生动的案例来进行剖析,注重门店管理细节方面的能力提升	帮助终端门店店长在管理门店的过程中实现经营思路的拓展与突破
耐消品	**商用车经销商运营实战** 杜建君　王朝阳　章晓青　等著	从管理到经营,从销售到服务,系统化运作全指导	为经销商经营开阔思路,掌握方法
	汽车配件这样卖:汽车后市场销售秘诀 100 条 俞士耀　著	汽配销售业务员必读,手把手教授最实用的方法,轻松得来好业绩	快速上岗,专业实效,业绩无忧

续表

耐消品	润滑油销售:这样说这样做更有效 张金荣　著	针对渠道、经销商、终端的超实用话术	上车看,下车用,3 分钟就能学会。
	新经销:新零售时代,教你做大商 黄润霖　著	从选址、产品、促销、团队、规模阐述新经销变与不变的市场手法和操作思路	实地拜访近 100 位经销商在传统营销手法上的创新、新营销工具的发现
	珠宝黄金新营销 崔德乾　著	营销、品牌、产品、连接、场景、社群、服务、传播、管理及产业价值链	新营销在珠宝行业的实战应用,业内必备第一书
	跟行业老手学经销商开发与管理:家电、耐消品、建材家居 黄润霖　著	全部来源于经销商管理的一线问题,作者用丰富的经验将每一个问题落实到最便捷快速的操作方法上去	书中每一个问题都是普通营销人亲口提出的,这些问题你也会遇到,作者进行的解答则精彩实用
白酒	酒水饮料快消品餐饮渠道营销手册 朱伟杰　著	主要针对快消品(酒水、饮料)的餐饮渠道,提供了区域、商圈、不同业态的规划和促销安排等多种工具,并提出了经销商、批发商等相关人员的管理方法	一本酒水饮料如何在餐饮渠道销售的全能手册,内容深入翔实,可以直接照搬套用,这样的便利简直千金不换
	白酒到底如何卖 赵海永　著	以市场实战为主,多层次、全方位、多角度地阐释了白酒一线市场操作的最新模式和方法,接地气	实操性强,37 个方法、6 大案例帮你成功卖酒
	变局下的白酒企业重构 杨永华　著	帮助白酒企业从产业视角看清趋势,找准位置,实现弯道超车的书	行业内企业要减少 90%,自己在什么位置,怎么做,都清楚了
	1. 白酒营销的第一本书(升级版) 2. 白酒经销商的第一本书 唐江华　著	华泽集团湖南开口笑公司品牌部长,擅长酒类新品推广、新市场拓展	扎根一线,实战
	区域型白酒企业营销必胜法则 朱志明　著	为区域型白酒企业提供 35 条必胜法则,在竞争中赢销的葵花宝典	丰富的一线经验和深厚积累,实操实用
	10 步成功运作白酒区域市场 朱志明　著	白酒区域操盘者必备,掌握区域市场运作的战略、战术、兵法	在区域市场的攻伐防守中运筹帷幄,立于不败之地
	酒业转型大时代:微酒精选 2014 - 2015 微酒　主编	本书分为五个部分:当年大事件、那些酒业营销工具、微酒独立策划、业内大调查和十大经典案例	了解行业新动态、新观点,学习营销方法
快消品·食品	中国快消品营销的这些年 史贤龙　著	作者精华文章的合集,一本书浓缩了过去十五年,中国营销的实战历程与前沿思考	快消品营销行业的案例和方法都原汁原味呈现,在反映当时风貌的同时,展望与反思
	营销中国茶:2 小时读懂茶叶营销 史贤龙　著	从不同视角对中国的茶营销进行了思考,内容涉及中国茶产业战略困境、茶企规模化、茶品牌崛起、茶文化、茶营销、茶消费、茶零售、茶道等	内容丰富扎实,文字流畅,浓缩的都是精华,让你 2 小时读懂茶叶营销
	这样打造快消品标杆市场 罗宏文　著	帮助你解决如何成功打造标杆市场和进行持续增量管理两大问题	一套系统的方法论,通俗易懂,可以直接套用
	5 小时读懂快消品营销:中国快消品案例观察 陈海超　著	多年营销经验的一线老手把案例掰开了、揉碎了,从中得出的各种手段和方法给读者以帮助和启发	营销那些事儿的个中秘辛,求人还不一定告诉你,这本书里就有
	快消品招商的第一本书:从入门到精通 刘　雷　著	深入浅出,不说废话,有工具方法,通俗易懂	让零基础的招商新人快速学习书中最实用的招商技能,成长为骨干人才
	乳业营销第一书 侯军伟　著	对区域乳品企业生存发展关键性问题的梳理	唯一的区域乳业营销书,区域乳品企业一定要看

续表

快消品·食品	金龙鱼背后的粮油帝国 余　盛　著	讲述金龙鱼品牌及母公司丰益国际的商业冒险故事	在精彩的阅读体验中学到营销管理的方法
	食用油营销第一书 余　盛　著	10 多年油脂企业工作经验，从行业到具体实操	食用油行业第一书，当之无愧
	中国茶叶营销第一书 柏　龑　著	如何跳出茶行业"大文化小产业"的困境，作者给出了自己的观察和思考	不是传统做茶的思路，而是现在商业做茶的思路
	调味品企业八大必胜法则 张　戟　著	八大规律性的关键成功要素，背后都有本土调味品企业的成功实践	"观点阐述＋案例描述"，行业必读
	调味品营销第一书 陈小龙　著	国内唯一一本调味品营销的书	唯一的调味品营销的书，调味品的从业者一定要看
	快消品营销人的第一本书：从入门到精通 刘　雷　伯建新　著	快消行业必读书，从入门到专业	深入细致，易学易懂
	变局下的快消品营销实战策略 杨永华　著	通胀了，成本增加，如何从被动应战变成主动的"系统战"	作者对快消品行业非常熟悉、非常实战
	快消品经销商如何快速做大 杨永华　著	本书完全从实战的角度，评述现象，解析误区，揭示原理，传授方法	为转型期的经销商提供了解决思路，指出了发展方向
	快消品营销：一位销售经理的工作心得 2 蒋　军　著	快消品、食品饮料营销的经验之谈，重点图书	来源与实战的精华总结
	快消品营销与渠道管理 谭长春　著	将快消品标杆企业渠道管理的经验和方法分享出来	可口可乐、华润的一些具体的渠道管理经验，实战
	成为优秀的快消品区域经理（升级版） 伯建新　著	用"怎么办"分析区域经理的工作关键点，增加 30% 全新内容，更贴近环境变化	可以作为区域经理的"速成催化器"
	销售轨迹：一位快消品营销总监的拼搏之路 秦国伟　著	本书讲述了一个普通销售员打拼成为跨国企业营销总监的真实奋斗历程	激励人心，给广大销售员以力量和鼓舞
	快消老手都在这样做：区域经理操盘锦囊 方　刚　著	非常接地气，全是多年沉淀下来的干货，丰富的一线经验和实操方法不可多得	在市场摸爬滚打的"老油条"，那些独家绝招妙招一般你问都是问不来的
	动销四维：全程辅导与新品上市 高继中　著	从产品、渠道、促销和新品上市详细讲解提高动销的具体方法，总结作者 18 年的快消品行业经验，方法实操	内容全面系统，方法实操
农业	饲料营销有方法：策略　案例　工具 陈石平　著	跳出饲料看饲料，根据饲料营销的关键成功要素（KSF）提出 7 大核心命题	紧跟农牧产业发展大势，提高饲料企业营销竞争力
	新农资如何换道超车 刘祖轲　等著	从农业产业化、互联网转型、行业营销与经营突破四个方面阐述如何让农资企业占领先机、提前布局	南方略专家告诉你如何应对资源浪费、生产效率低下、产能严重过剩、价格与价值严重扭曲等
	中国牧场管理实战：畜牧业、乳业必读 黄剑黎　著	本书不仅提供了来自一线的实际经验，还收入了丰富的工具文档与表单	填补空白的行业必读作品
	中小农业企业品牌战法 韩　旭　著	将中小农业企业品牌建设的方法，从理论讲到实践，具有指导性	全面把握品牌规划，传播推广，落地执行的具体措施
	农资营销实战全指导 张　博　著	农资如何向"深度营销"转型，从理论到实践进行系统剖析，经验资深	朴实、使用！不可多得的农资营销实战指导
	农产品营销第一书 胡浪球　著	从农业企业战略到市场开拓、营销、品牌、模式等	来源于实践中的思考，有启发
	变局下的农牧企业 9 大成长策略 彭志雄　著	食品安全、纵向延伸、横向联合、品牌建设……	唯一的农牧企业经营实操的书，农牧企业一定要看

续表

医药	**在中国,医药营销这样做:时代方略精选文集** 段继东　主编	专注于医药营销咨询15年,将医药营销方法的精华文章合编,深入全面	可谓医药营销领域的顶尖著作,医药界读者的必读书
	医药新营销:制药企业、医药商业企业营销模式转型 史立臣　著	医药生产企业和商业企业在新环境下如何做营销?老方法还有没有用?如何寻找新方法?新方法怎么用?本书给你答案	内容非常现实接地气,踏实谈问题说方法
	医药企业转型升级战略 史立臣　著	药企转型升级有5大途径,并给出落地步骤及风险控制方法	实操性强,有作者个人经验总结及分析
	新医改下的医药营销与团队管理 史立臣　著	探讨新医改对医药行业的系列影响和医药团队管理	帮助理清思路,有一个框架
	医药营销与处方药学术推广 马宝琳　著	如何用医学策划把"平民产品"变成"明星产品"	有真货、讲真话的作者,堪称处方药营销的经典!
	医药行业大洗牌与药企创新 林延君　沈　斌　著	一方面,围绕着变革,多角度阐述药企的应对之道;另一方面,紧扣实践,介绍近百家医药企业创新实践案例	医改变革10年,医药企业如何应对大洗牌?重磅出击的药企人必读书
	新医改了,药店就要这样开 尚　锋　著	药店经营、管理、营销全攻略	有很强的实战性和可操作性
	电商来了,实体药店如何突围 尚　锋　著	电商崛起,药店该如何突围?本书从促销、会员服务、专业性、客单价等多重角度给出了指导方向	实战攻略,拿来就能用
	OTC医药代表药店销售36计 鄢圣安　著	以《三十六计》为线,写OTC医药代表向药店销售的一些技巧与策略	案例丰富,生动真实,实操性强
	OTC医药代表药店开发与维护 鄢圣安　著	要做到一名专业的医药代表,需要做什么、准备什么、知识储备、操作技巧等	医药代表药店拜访的指导手册,手把手教你快速上手
	引爆药店成交率1:店员导购实战 范月明　著	一本书解决药店导购所有难题	情景化、真实化、实战化
	引爆药店成交率2:经营落地实战 范月明　著	最接地气的经营方法全指导	揭示了药店经营的几类关键问题
	引爆药店成交率:专业化销售解决方案 范月明　著	药品搭配分析与关联销售	为药店人专业化助力
	处方药合规推广实战宝典 赵佳震　著	推广体系搭建、推广人员岗位工作内容、推广服务外包商管理等六个方面	解决"医药代表转型"和"推广服务外包商管理"的困惑
	医药代理商实操全指导:新环境　新战法 戴文杰　著	结合医药市场政策环境解读新环境下医药招商的战法,着重分析药品产业链的盈利机会	医药销售业务人员的必备读物
	攻略基层诊所:医药营销这样做 张江民　著	对基层诊所的开发、维护和动销,拿来就用的方式方法	实战是本书的主旨,只要用心去看,就能在基层诊所市场中运用
	互联网医药的未来 动脉网　编著	介绍了互联网医药发展的现状与趋势	帮助创业者和投资人看清未来,把握当下
	处方药零售这样做 田　军　著	阐述了处方药零售的重要性,以及做处方药零售市场的具体措施和方法	系统性了解和掌握处方药零售方法
建材家居	**成为最赚钱的家具建材经销商** 李治江　著	从销售模式、产品、门店等老板们最关注和最需要的方面解决问题、提供方法	只要你是建材、家具、家居用品的经销商老板,这就是一本必读的书
	定制家居黄金十年 韩　锋　翁长华　著	梳理了定制家居的商业模式和发展情况	帮助定制家居看清方向,把握当下
	家具建材促销与引流 薛　亮　李永峰　著	十大促销模式的详细方法和工具	让你天天签大单

续表

建材家居	**家具行业操盘手** 王献永　著	家具行业问题的终结者	解决了干家具还有没有前途？为什么同城多店的家具经销商很难做大做强等问题
	建材家居营销：除了促销还能做什么 孙嘉晖　著	一线老手的深度思考，告诉你在建材家居营销模式基本停滞的今天，除了促销，营销还能怎么做	给你的想法一场革命
	建材家居营销实务 程绍珊　杨鸿贵　主编	价值营销运用到建材家居，每一步都让客户增值	有自己的系统、实战
	家居建材门店6力爆破 贾同领　著	合盘道出一线品牌销量秘籍	6力招招见血，既有招数，又有策略
	建材家居门店销量提升 贾同领　著	店面选址、广告投放、推广助销、空间布局、生动展示、店面运营等	门店销量提升是一个系统工程，非常系统、实战
	10步成为最棒的建材家居门店店长 徐伟泽　著	实际方法易学易用，让员工能够迅速成长，成为独当一面的好店长	只要坚持这样干，一定能成为好店长
	手把手帮建材家居导购业绩倍增：成为顶尖的门店店员 熊亚柱　著	生动的表现形式，让普通人也能成为优秀的导购员，让门店业绩长红	读着有趣，用着简单，一本在手、业绩无忧
	建材家居经销商实战42章经 王庆云　著	告诉经销商：老板怎么当、团队怎么带、生意怎么做	忠言逆耳，看着不舒服就对了，实战总结，用一招半式就值了
工业品	**销售是门专业活：B2B、工业品** 陆和平　著	销售流程就应该跟着客户的采购流程和关注点的变化向前推进，将一个完整的销售过程分成十个阶段，提供具体方法	销售不是请客吃饭拉关系，是个专业的活计！方法在手，走遍天下不愁
	解决方案营销实战案例 刘祖轲　著	用10个真案例讲明白什么是工业品的解决方案式营销，实战、实用	有干货、真正操作过的才能写得出来
	变局下的工业品企业7大机遇 叶敦明　著	产业链条的整合机会、盈利模式的复制机会、营销红利的机会、工业服务商转型机会……	工业品企业还可以这样做，思维大突破
	工业品市场部实战全指导 杜　忠　著	工业品市场部经理工作内容全指导	系统、全面、有理论、有方法，帮助工业品市场部经理更快提升专业能力
	工业品营销管理实务 李洪道　著	中国特色工业品营销体系的全面深化、工业品营销管理体系优化升级	工具更实战，案例更鲜活，内容更深化
	工业品企业如何做品牌 张东利　著	为工业品企业提供最全面的品牌建设思路	有策略、有方法、有思路、有工具
	丁兴良讲工业4.0 丁兴良　著	没有枯燥的理论和说教，用朴实直白的语言告诉你工业4.0的全貌	工业4.0是什么？本书告诉你答案
	资深大客户经理：策略准，执行狠 叶敦明　著	从业务开发、发起攻势、关系培育、职业成长四个方面，详述了大客户营销的精髓	满满的全是干货
	两化融合管理系统贯标流程与方法 戴　勇　张华杰　张百荣　编著	全面梳理贯标流程和方法	帮助企业成功贯标
	一切为了订单：订单驱动下的工业品营销实战 唐道明　著	其实，所有的企业都在围绕着两个字在开展全部的经营和管理工作，那就是“订单”	开发订单、满足订单、扩大订单。本书全是实操方法，字字珠玑、句句干货，教你获得营销的胜利
金融	**交易心理分析** (美)马克·道格拉斯　著 刘真如　译	作者一语道破赢家的思考方式，并提供了具体的训练方法	不愧是投资心理的第一书，绝对经典
	精品银行管理之道 崔海鹏　何　屹　主编	中小银行转型的实战经验总结	中小银行的教材很多，实战类的书很少，可以看看

续表

金融	**支付战争** Eric M. Jackson　著 徐　彬　王　晓　译	PayPal 创业期营销官，亲身讲述 PayPal 从诞生到壮大到成功出售的整个历史	激烈、有趣的内幕商战故事！了解美国支付市场的风云巨变
	中外并购名著专业阅读指南 叶兴平　等著	在 5000 多本并购类图书中精选的 200 著作，在阅读的基础上写的读书评价	精挑细选 200 本并一一评介，省去读者挑选的烦恼，快捷、高效
	新三板信息披露全流程：操作与工具 和珩科技　著	详细拆解董秘日常工作过程中所需的信息披露流程	董秘案头必备用书
	成功并购 300 本：一本书搞定并购难题 浩德军师并购联盟　著	从财务，税务，法律等角度详细解答疑问	能解决 80% 的并购问题
	互联网时代的银行转型 韩友诚　著	以大量案例形式为读者全面展示和分析了银行的互联网金融转型应对之道	结合本土银行转型发展案例的书籍
房地产	**产业园区/产业地产规划、招商、运营实战** 阎立忠　著	目前中国第一本系统解读产业园区和产业地产建设运营的实战宝典	从认知、策划、招商到运营全面了解地产策划
	人文商业地产策划 戴欣明　著	城市与商业地产战略定位的关键是不可复制性，要发现独一无二的"味道"	突破千城一面的策划困局
	中国城市群房地产投资策略 吕俊博　著	全方位、多角度分析城市群房地产现状是趋势	让亿元资产投资更理性、更安全
	电影院的下一个黄金十年：开发·差异化·案例 李保煜　著	对目前电影院市场存大的问题及如何解决进行了探讨与解读	多角度了解电影院运营方式及代表性案例
能源	**全能型班组：城市能源互联网与电力班组升级** 国网天津市电力公司　编著	借鉴国内外优秀企业的转型升级思路，通过对于新型班组组织模式和运行机制的大胆设想，力图构建充分适应内外环境变化的全能型班组	看看庞大的国企在新环境下是如何顺应时代的
	国网天津电力全能型班组建设实务 国网天津市电力公司　编著	本书聚焦于天津电力公司在探索全能型班组转型升级时的优秀实践	电力行业的班组实践，具体、可操作性强

经营类：企业如何赚钱，如何抓机会，如何突破，如何"开源"

	书名．作者	内容/特色	读者价值
抓方向	**让经营回归简单．升级版** 宋新宇　著	化繁为简抓住经营本质：战略、客户、产品、员工、成长	经典，做企业就这几个关键点！
	混沌与秩序Ⅰ：变革时代企业领先之道 **混沌与秩序Ⅱ：变革时代管理新思维** 彭剑锋　尚艳玲　主编	汇集华夏基石专家团队 10 年来研究成果，集中选择了其中的精华文章编纂成册	作者都是既有深厚理论积淀又有实践经验的重磅专家，为中国企业和企业家的未来提出了高屋建瓴的观点
	活系统：跟任正非学当老板 孙行健　尹　贤　著	以任正非的独到视角，教企业老板如何经营公司	看透公司经营本质，激活企业活力
	重构：快消品企业重生之道 杨永华　著	从 7 个角度，帮助企业实现系统性的改造	提供转型思想与方法，值得参考
	公司由小到大要过哪些坎 卢　强　著	老板手里的一张"企业成长路线图"	现在我在哪儿，未来还要走哪些路，都清楚了
	企业二次创业成功路线图 夏惊鸣　著	企业曾经抓住机会成功了，但下一步该怎么办？	企业怎样获得第二次成功，心里有个大框架了
	老板经理人双赢之道 陈　明　著	经理人怎养选平台、怎么开局，老板怎样选/育/用/留	老板生闷气，经理人牢骚大，这次知道该怎么办了

续表

抓方向	**简单思考:AMT 咨询创始人自述** 孔祥云　著	著名咨询公司(AMT)的 CEO 创业历程中点点滴滴的经验与思考	每一位咨询人,每一位创业者和管理经营者,都值得一读
	企业文化的逻辑 王祥伍　黄健江　著	为什么企业绩效如此不同,解开绩效背后的文化密码	少有的深刻,有品质,读起来很流畅
	使命驱动企业成长 高可为　著	钱能让一个人今天努力,使命能让一群人长期努力	对于想做事业的人,'使命'是绕不过去的
思维突破	**盈利原本就这么简单** 高可为　著	从财务的角度揭示企业盈利的秘密	多方面解读商业模式与盈利的关系,通俗易懂,受益匪浅
	经营:打造你的盈利系统 高可为　著	从盈利角度梳理了系统化的经营方式	让企业掌舵者把控经营全局
	创模式:23 个行业创新案例 段传敏　著	23 位行业精英的创新对话	创业者、转型者的实战参考
	企业良性成长:用顶层设计突破瓶颈 刘建兆　著	全方位介绍企业顶层设计的方法和思路	帮助企业用顶层设计突破成长瓶颈
	移动互联新玩法:未来商业的格局和趋势 史贤龙　著	传统商业、电商、移动互联,三个世界并存,这种新格局的玩法一定要懂	看清热点的本质,把握行业先机,一本书搞定移动互联网
	画出公司的互联网进化路线图:用互联网思维重塑产品、客户和价值 李　蓓　著	18 个问题帮助企业一步步梳理出互联网转型思路	思路清晰、案例丰富,非常有启发性
	重生战略:移动互联网和大数据时代的转型法则 沈　拓　著	在移动互联网和大数据时代,传统企业转型如同生命体打算与再造,称之为"重生战略"	帮助企业认清移动互联网环境下的变化和应对之道
	创造增量市场:传统企业互联网转型之道 刘红明　著	传统企业需要用互联网思维去创造增量,而不是用电子商务去转移传统业务的存量	教你怎么在"互联网 +"的海洋中创造实实在在的增量
	7 个转变,让公司 3 年胜出 李　蓓　著	消费者主权时代,企业该怎么办	这就是互联网思维,老板有能这样想,肯定倒不了
	跳出同质思维,从跟随到领先 郭　剑　著	66 个精彩案例剖析,帮助老板突破行业长期思维惯性	做企业竟然有这么多玩法,开眼界
	互联网 +"变"与"不变":本土管理实践与创新论坛集萃·2016 本土管理实践与创新论坛　著	加速本土管理思想的孕育诞生,促进本土管理创新成果更好地服务企业、贡献社会	各个作者本年度最新思想,帮助读者拓宽眼界、突破思维
	消费升级:实践　研究(文集) 本土管理实践与创新论坛　著	38 位管理专家及 7 位学者的精华思想,从经营、管理、行业及思想研究四个方面阐述中国企业在消费升级下的实践与研究	思想启发,行业借鉴
财务	**写给企业家的公司与家庭财务规划——从创业成功到富足退休** 周荣辉　著	本书以企业的发展周期为主线,写各阶段企业与企业主家庭的财务规划	为读者处理人生各阶段企业与家庭的财务问题提供建议及方法,让家庭成员真正享受财富带来的益处
	互联网时代的成本观 程　翔　著	本书结合互联网时代提出了成本的多维观,揭示了多维组合成本的互联网精神和大数据特征,论述了其产生背景、实现思路和应用价值	在传统成本观下为盈利的业务,在新环境下也许就成为亏损业务。帮助管理者从新的角度来看待成本,进一步做好精益管理

续表

财务	财报背后的投资机会 蒋 豹 著	以具体的公司案例分析,教你迅速看出财务报表与企业经营的关系、所反映的企业经营现状,从而找到投资机会	前四大会计所员工为读者解密财报,发现投资机会
管理类:效率如何提升,如何实现经营目标,如何"节流"			
	书名. 作者	内容/特色	读者价值
通用管理	让管理回归简单·升级版 宋新宇 著	从目标、组织、决策、授权、人才和老板自己层面教你怎样做管理	帮助管理抓住管理的要害,让管理变得简单
	让经营回归简单·升级版 宋新宇 著	从战略、客户、产品、员工、成长、经营者自身等七个方面,归纳总结出简单有效的经营法则	总结出的真正优秀企业的成功之道:简单
	让用人回归简单 宋新宇 著	从用人的原则、用人的难题与误区、用人的方法和用人者的修炼四大方面,总结出适合中小企业做好人才管理工作的法则	帮助管理者抓住用人的要害,让用人变得简单
	历史深处的管理智慧1:组织建设与用人之道 刘文瑞 著	对历史之典故、政事、人事、政制进行管理解析,鉴照企业人才的选用育留	推动理论与实践的对接,实现理性与情感的渗透,用中国话语说明管理智慧
	历史深处的管理智慧2:战略决策与经营运作 刘文瑞 著	对历史之典故、政事、人事、政制进行管理解析,鉴照企业战略设计与经营实践	推动理论与实践的对接,实现理性与情感的渗透,用中国话语说明管理智慧
	历史深处的管理智慧3:领导修炼与文化素养 刘文瑞 著	对历史之典故、政事、人事、政制进行管理解析,鉴照企业领导职业能力提升与文化修养	推动理论与实践的对接,实现理性与情感的渗透,用中国话语说明管理智慧
	管理的尺度 刘文瑞 著	对管理中的种种普遍性问题进行了批评	提高把握管理尺度的能力
	管理学在中国 刘文瑞 著	系统性介绍了管理学在中国的发展和演变	了解管理学在中国的发展脉络,更清晰理解管理学的本质
	看电影,懂管理 刘文瑞 著	16部经典电影,带你感悟管理智慧	能够帮助读者放松身心,驰骋想象,在不知不觉中增长智慧
	管理:以规则驾驭人性 王春强 著	详细解读企业规则的制定方法	从人与人博弈角度提升管理的有效性
	打造集成供应链:走出挂一漏十的改善困境 王春强 著	详解集成供应链全过程	帮助企业优化供应链管理
	用好骨干员工:关键人才培养与激励 王 敏 著	系统化分享关键人才打造与激励方法	企业能实在用人的最大化价值
	改变世界的管理学大师1:管理学的前世今生 刘文瑞 编著	介绍了古典管理学时期的大师事迹和思想	深入了解管理大师们的思想和智慧
	成为企业欢迎的咨询师 张国祥 著	从调研到落地,手把手教你咨询流程	不走弯路,方便直接的学到老咨询师的套路
	员工心理学超级漫画版 邢 雷 著	以漫画的形式深度剖析员工心理	帮助管理者更了解员工,从而更轻松地管理员工
	老板有想法,高层有干法:企业中的将帅之道 王清华 著	深入剖析老板与高管的异同	各司其职,各行其是,相辅相成
	分股合心:股权激励这样做 段磊 周剑 著	通过丰富的案例,详细介绍了股权激励的知识和实行方法	内容丰富全面、易读易懂,了解股权激励,有这一本就够了
	边干边学做老板 黄中强 著	创业20多年的老板,有经验、能写、又愿意分享,这样的书很少	处处共鸣,帮助中小企业老板少走弯路

续表

通用管理	**成为敏感而体贴的公司** 王　涛　著	本书为作者对企业的观察和冥想的随笔记录。从生活中的一个现象入手，进而探索现象背后的本质	从全新角度认识公司
	中国企业的觉醒：正直　善良　成长 王　涛　著	围绕着企业人如何发生转化展开，对中国人、中国文化及由此导致的企业现状的观察和思考	企业除了要利润，还需要道德
	有意识的思考：轻松化解问题的7个思考习惯 王　涛　著	本书是对思想、思考过程、思考方式进行的细致观察	养成好的思考习惯，更深刻地看问题
	中国式阿米巴落地实践之从交付到交易 胡八一　著	本书主要讲述阿米巴经营会计，“从交付到交易”，这是成功实施了阿米巴的标志	阿米巴经营会计的工作是有逻辑关联的，一本书就能搞定
	中国式阿米巴落地实践之激活组织 胡八一　著	重点讲解如何科学划分阿米巴单元，阐述划分的实操要领、思路、方法、技术与工具	最大限度减少“推行风险”和“摸索成本”，利于公司成功搭建适合自身的个性化阿米巴经营体系
	中国式阿米巴落地实践之持续盈利 胡八一　著	把企业做成平台，企业才能做大(格局)；把平台做成阿米巴，企业才能做强(专业)；把阿米巴做成合伙制，企业才能做久(机制)	中国式阿米巴落地实践三部曲的最后一部，告诉你企业如何做大做强做久
	集团化企业阿米巴实战案例 初勇钢　著	一家集团化企业阿米巴实施案例	指导集团化企业系统实施阿米巴
	阿米巴经营的中国模式 李志华　著	让员工从“要我干”到“我要干”，价值量化出来	阿米巴在企业如何落地，明白思路了
	欧博心法：好管理靠修行 曾　伟　著	用佛家的智慧，深刻剖析管理问题，见解独到	如果真的有‘中国式管理’，曾老师是其中标志性人物
	领导这样点燃你的下属 孟广桥　著	领导者如何才能让员工积极主动地工作？如何让你的员工和下属保持工作的热情，自动自发？看了这本书就知道	只要你希望手下的"兵将"永远充满工作的斗志，这本书将使你获益良多
流程管理	**1. 用流程解放管理者** **2. 用流程解放管理者2** 张国祥　著	中小企业阅读的流程管理、企业规范化的书	通俗易懂，理论和实践的结合恰到好处
	跟我们学建流程体系 陈立云　著	畅销书《跟我们学做流程管理》系列，更实操，更细致，更深入	更多地分享实践，分享感悟，从实践总结出来的方法论
	人人都要懂流程 金国华　余雅丽　著	当前各企业流程管理方面最为典型的痛点现象及问题案例	通俗易懂，适合企业全员阅读
质量管理	**IATF16949 质量管理体系详解与案例文件汇编：TS16949 转版 IATF16949：2016** 谭洪华　著	针对 IATF 的新标准做了详细的解说，同时指出了一些推行中容易犯的错误，提供了大量的表单、案例	案例、表单丰富，拿来就用
	五大质量工具详解及运用案例：APQP/FMEA/PPAP/MSA/SPC 谭洪华　著	对制造业必备的五大质量工具中每个文件的制作要求、注意事项、制作流程、成功案例等进行了解读	通俗易懂、简便易行，能真正实现学以致用
	ISO9001：2015 新版质量管理体系详解与案例文件汇编 谭洪华　著	紧密围绕 2015 年新版质量管理体系文件逐条详细解读，并提供可以直接套用的案例工具，易学易上手	企业质量管理认证、内审必备
	ISO14001：2015 新版环境管理体系详解与案例文件汇编 谭洪华　著	紧密围绕 2015 年新版环境管理体系文件逐条详细解读，并提供可以直接套用的案例工具，易学易上手	企业环境管理认证、内审必备

续表

质量管理	**ISO9001:2015 完整文件汇编:制造业** 贺红喜　著	按照 ISO9001 标准并超出标准的要求,提供了一套完整的制造业的质量管理体系文件	原汁原味完整收入,直接可以拿来就用
	SA8000:2014 社会责任管理体系认证实战 吕　林　著	作者根据自己的操作经验,按认证的流程,以相关案例进行说明 SA8000 认证体系	简单,实操性强,拿来就能用
	精益质量管理实战工具 贺小林　著	制造类企业日常工作中所需要的精益管理工具的归纳整理,并进行案例操作的细致分析	可以直接参考,实际解决生产中的具体问题
战略落地	**重生——中国企业的战略转型** 施　炜　著	从前瞻和适用的角度,对中国企业战略转型的方向、路径及策略性举措提出了一些概要性的建议和意见	对企业有战略指导意义
	公司大了怎么管:从靠英雄到靠组织 AMT 金国华　著	第一次详尽阐释中国快速成长型企业的特点、问题及解决之道	帮助快速成长型企业领导及管理团队理清思路,突破瓶颈
	低效会议怎么改:每年节省一半会议成本的秘密 AMT 王玉荣　著	教你如何系统规划公司的各级会议,一本工具书	教会你科学管理会议的办法
	年初订计划,年尾有结果:战略落地七步成诗 AMT 郭晓　著	7 个步骤教会你怎么让公司制定的战略转变为行动	系统规划,有效指导计划实现
人力资源	**HRBP 是这样炼成的之“菜鸟起飞”** 新　海　著	以小说的形式,具体解析 HRBP 的职责,应该如何操作,如何为业务服务	实践者的经验分享,内容实务具体,形式有趣
	HRBP 是这样炼成的之中级修炼 新　海　著	本书以案例故事的方式,介绍了 HRBP 在实际工作中碰到的问题和挑战	书中的 HR 解决方案讲究因时因地制宜、简单有效的原则,重在启发读者思路,可供各类企业 HRBP 借鉴
	HRBP 是这样炼成的之高级修炼 新　海　著	以故事的形式,展现了 HRBP 工作者在职业发展路上的层层深入和递进	为读者提供 HRBP 在实际工作中遇到种种问题的解决方案
	新任 HR 高管如何从 0 到 1 黄渊明　著	全景式展现新任高管华丽转身全过程	助力新任高管安全着陆
	HR 的劳动法内参 李皓楠　著	100 个劳动法案例和分析	轻松掌握劳动法知识,方便运用
	把面试做到极致:首席面试官的人才甄选法 孟广桥　著	作者用自己几十年的人力资源经验总结出的一套实用的确定岗位招聘标准、提升面试官技能素质的简便方法	面试官必备,没有空泛理论,只有巧妙的实操技能
	人力资源体系与 e – HR 信息化建设 刘书生　陈　莹　王美佳　著	将作者经历的人力资源管理变革、人力资源管理信息化咨询项目方法论、工具和成果全面展现给读者,使大家能够将其快速应用到管理实践中	系统性非常强,没有废话,全部是浓缩的干货
	回归本源看绩效 孙　波　著	让绩效回顾“改进工具”的本源,真正为企业所用	确实是来源于实践的思考,有共鸣
	世界 500 强资深培训经理人教你做培训管理 陈　锐　著	从 7 大角度具体细致地讲解了培训管理的核心内容	专业、实用、接地气

续表

人力资源	**曹子祥教你做激励性薪酬设计** 曹子祥　著	以激励性为指导，系统性地介绍了薪酬体系及关键岗位的薪酬设计模式	深入浅出，一本书学会薪酬设计
	曹子祥教你做绩效管理 曹子祥　著	复杂的理论通俗化，专业的知识简单化，企业绩效管理共性问题的解决方案	轻松掌握绩效管理
	把招聘做到极致 远　鸣　著	作为世界 500 强高级招聘经理，作者数十年招聘经验的总结分享	带来职场思考境界的提升和具体招聘方法的学习
	人才评价中心．超级漫画版 邢　雷　著	专业的主题，漫画的形式，只此一本	没想到一本专业的书，能写成这效果
	走出薪酬管理误区 全怀周　著	剖析薪酬管理的 8 大误区，真正发挥好枢纽作用	值得企业深读的实用教案
	集团化人力资源管理实践 李小勇　著	对搭建集团化的企业很有帮助，务实，实用	最大的亮点不是理论，而是结合实际的深入剖析
	我的人力资源咨询笔记 张　伟　著	管理咨询师的视角，思考企业的 HR 管理	通过咨询师的眼睛对比很多企业，有启发
	本土化人力资源管理 8 大思维 周　剑　著	成熟 HR 理论，在本土中小企业实践中的探索和思考	对企业的现实困境有真切体会，有启发
企业文化	**36 个拿来就用的企业文化建设工具** 海融心胜　主编	数十个工具，为了方便拿来就用，每一个工具都严格按照工具属性、操作方法、案例解读划分，实用、好用	企业文化工作者的案头必备书，方法都在里面，简单易操作
	企业文化建设超级漫画版 邢　雷　著	以漫画的形式系统教你企业文化建设方法	轻松易懂好操作
	华夏基石方法：企业文化落地本土实践 王祥伍　谭俊峰　著	十年积累、原创方法、一线资料，和盘托出	在文化落地方面真正有洞察，有实操价值的书
	企业文化的逻辑 王祥伍　著	为什么企业之间如此不同，解开绩效背后的文化密码	少有的深刻，有品质，读起来很流畅
	企业文化激活沟通 宋杼宸　安　琪　著	透过新任 HR 总经理的眼睛，揭示出沟通与企业文化的关系	有实际指导作用的文化落地读本
	在组织中绽放自我：从专业化到职业化 朱仁健　王祥伍　著	个人如何融入组织，组织如何助力个人成长	帮助企业员工快速认同并投入到组织中去，为企业发展贡献力量
	企业文化定位·落地一本通 王明胤　著	把高深枯燥的专业理论创建成一套系统化、实操化、简单化的企业文化缔造方法	对企业文化不了解，不会做？有这一本从概念到实操，就够了
生产管理	**精益思维：中国精益如何落地** 刘承元　著	笔者二十余年企业经营和咨询管理的经验总结	中国企业需要灵活运用精益思维，推动经营要素与管理机制的有机结合，推动企业管理向前发展
	300 张现场图看懂精益 5S 管理 乐　涛　编著	5S 现场实操详解	案例图解，易懂易学
	高员工流失率下的精益生产 余伟辉　著	中国的精益生产必须面对和解决高员工流失率问题	确实来源于本土的工厂车间，很务实
	车间人员管理那些事儿 岑立聪　著	车间人员管理中处理各种“疑难杂症”的经验和方法	基层车间管理者最闹心、头疼的事，‘打包’解决

续表

生产管理	**1. 欧博心法:好管理靠修行** **2. 欧博心法:好工厂这样管** 曾 伟 著	他是本土最大的制造业管理咨询机构创始人,他从400多个项目、上万家企业实践中锤炼出的欧博心法	中小制造型企业,一定会有很强的共鸣
	欧博工厂案例1:生产计划管控对话录 **欧博工厂案例2:品质技术改善对话录** **欧博工厂案例3:员工执行力提升对话录** 曾 伟 著	最典型的问题、最详尽的解析,工厂管理9大问题27个经典案例	没想到说得这么细,超出想象,案例很典型,照搬都可以了
	工厂管理实战工具 欧博企管 编著	以传统文化为核心的管理工具	适合中国工厂
	苦中得乐:管理者的第一堂必修课 曾 伟 编著	曾伟与师傅大愿法师的对话,佛学与管理实践的碰撞,管理禅的修行之道	用佛学最高智慧看透管理
	比日本工厂更高效1:管理提升无极限 刘承元 著	指出制造型企业管理的六大积弊;颠覆流行的错误认知;掌握精益管理的精髓	每一个企业都有自己不同的问题,管理没有一剑封喉的秘笈,要从现场、现物、现实出发
	比日本工厂更高效2:超强经营力 刘承元 著	企业要获得持续盈利,就要开源和节流,即实现销售最大化,费用最小化	掌握提升工厂效率的全新方法
	比日本工厂更高效3:精益改善力的成功实践 刘承元 著	工厂全面改善系统有其独特的目的取向特征,着眼于企业经营体质(持续竞争力)的建设与提升	用持续改善力来飞速提升工厂的效率,高效率能够带来意想不到的高效益
	3A顾问精益实践1:IE与效率提升 党新民 苏迎斌 蓝旭日 著	系统的阐述了IE技术的来龙去脉以及操作方法	使员工与企业持续获利
	3A顾问精益实践2:JIT与精益改善 肖志军 党新民 著	只在需要的时候,按需要的量,生产所需的产品	提升工厂效率
	化工企业工艺安全管理实操 黄 娜 编著	化工企业工艺安全管理全指导	帮助企业树立安全意识,强化安全管理方法
	手把手教你做专业的生产经理 黄 娜 著	物流、信息流、资金流,让生产经理管理有抓手	从菜鸟到能把控全局
员工素质提升	**TTT培训师精进三部曲(上):深度改善现场培训效果** 廖信琳 著	现场把控不用慌,这里有妙招一用就灵	课程现场无论遇到什么样的情况都能游刃有余
	TTT培训师精进三部曲(中):构建最有价值的课程内容 廖信琳 著	这样做课程内容,学员有收获培训师也有收获	优质的课程内容是树立个人品牌的保证
	TTT培训师精进三部曲(下):职业功力沉淀与修为提升 廖信琳 著	从内而外提升自己,职业的道路一帆风顺	走上职业TTT内训师的康庄大道
	培训师,如何让你的事业长青:自我管理的10项法则 廖信琳 著	建立了一套完整的培训师自我管理体系,为培训师的职业成长与发展提供有益的指引	培训师如何在自己的职业道路上越走越高,事业长青,一直有所收获与成长?本书将给你答案
	管理咨询师的第一本书:百万年薪 千万身价 熊亚柱 著	从问题出发,发现问题、分析问题、解决问题,让两眼一抹黑的新人快速成长	管理咨询师初入职场,让这本书开启百万年薪之路

续表

员工素质提升	手把手教你做专业督导：专卖店、连锁店 熊亚柱　著	从督导的职能、作用，在工作中需要的专业技能、方法，都提供了详细的解读和训练办法，同时附有大量的表单工具	无论是店铺需要统一培训，还是个人想成为优秀的督导，有这一本就够了
	跟老板“偷师”学创业 吴江萍　余晓雷　著	边学边干，边观察边成长，你也可以当老板	不同于其他类型的创业书，让你在工作中积累创业经验，一举成功
	销售轨迹：一位快消品营销总监的拼搏之路 秦国伟　著	本书讲述了一个普通销售员打拼成为跨国企业营销总监的真实奋斗历程	激励人心，给广大销售员以力量和鼓舞
	在组织中绽放自我：从专业化到职业化 朱仁健　王祥伍　著	个人如何融入组织，组织如何助力个人成长	帮助企业员工快速认同并投入到组织中去，为企业发展贡献力量
	企业员工弟子规：用心做小事，成就大事业 贾同领　著	从传统文化《弟子规》中学习企业中为人处事的办法，从自身做起	点滴小事，修养自身，从自身的改善得到事业的提升
	手把手教你做顶尖企业内训师：TTT 培训师宝典 熊亚柱　著	从课程研发到现场把控、个人提升都有涉及，易读易懂，内容丰富全面	想要做企业内训师的员工有福了，本书教你如何抓住关键，从入门到精通
	28 天速成文案高手 秦　士　安　丽　著	解构优秀品牌和出彩文案背后的逻辑，28 天循序渐进成为文案高手	让优质文案变成“智慧工厂”般的工序管理与稳定出品
	让投诉顾客满意离开：客户投诉应对与管理 孟广桥　著	立足于投诉处理的实践，剖析了不同投诉者投诉的特点和应对措施，并提供各种技巧方法、赢得客户信赖所需培养的品质修炼、处理投诉应掌握的法律法规等工具	是投诉处理人员适应岗位职能需要、提升工作技能的良师益友，是企业变诉为金、培养业务骨干的法宝

营销类：把客户需求融入企业各环节，提供“客户认为”有价值的东西

	书名．作者	内容/特色	读者价值
营销模式	精品营销战略 杜建君　著	以精品理念为核心的精益战略和营销策略	用精品思维赢得高端市场
	变局下的营销模式升级 程绍珊　叶　宁　著	客户驱动模式、技术驱动模式、资源驱动模式	很多行业的营销模式被颠覆，调整的思路有了！
	动销操盘：节奏掌控与社群时代新战法 朱志明　著	在社群时代把握好产品生产销售的节奏，解析动销的症结，寻找动销的规律与方法	都是易读易懂的干货！对动销方法的全面解析和操盘
	弱势品牌如何做营销 李政权　著	中小企业虽有品牌但没名气，营销照样能做的有声有色	没有丰富的实操经验，写不出这么具体、详实的案例和步骤，很有启发
	老板如何管营销 史贤龙　著	高段位营销 16 招，好学好用	老板能看，营销人也能看
	洞察人性的营销战术：沈坤教你 28 式 沈　坤　著	28 个匪夷所思的营销怪招令人拍案叫绝，涉及商业竞争的方方面面，大部分战术可以直接应用到企业营销中	各种谋略得益于作者的横向思维方式，将其操作过的案例结合其中，提供的战术对读者有参考价值
	动销：产品是如何畅销起来的 吴江萍　余晓雷　著	真真切切告诉你，产品究竟怎么才能卖出去	击中痛点，提供方法，你值得拥有
	1000 铁杆女粉丝 张兵武　著	连接是女性与生俱来的特质。能善用连接的营销人员，就像拿到打开女性荷包的钥匙	重新认识女性的传播力量
	360°谈营销：一位营销咨询师 20 年实战洞察 王清华　古怀亮　著	各个角度，全方位，多视点剥营销	思路单一，此书帮你破

续表

营销模式	**营销按钮:扣动一触即发的力量** 老　苗　著	提供各种奇形怪状的营销武器	一定会带给你不一样的思维震撼
	孙子兵法营销战 刘文新　著	逐句解读孙子兵法,以及在营销方面的感悟	帮助营销人用智慧打营销仗
销售	**资深大客户经理:策略准,执行狠** 叶敦明　著	从业务开发、发起攻势、关系培育、职业成长四个方面,详述了大客户营销的精髓	满满的全是干货
	大客户销售这样说这样做 陆和平　著	大客户销售十大模块68个典型销售场景应对策略和话术,直接拿来就用	从"为什么要这么干"到"干什么、怎么干"
	成为资深的销售经理:B2B、工业品 陆和平　著	围绕"销售管理的六个关键控制点"一一展开,提供销售管理的专业、高效方法	方法和技术接地气,拿来就用,从销售员成长为经理不再犯难
	销售是门专业活:B2B、工业品 陆和平　著	销售流程就应该跟着客户的采购流程和关注点的变化向前推进,将一个完整的销售过程分成十个阶段,提供具体方法	销售不是请客吃饭拉关系,是个专业的活计!方法在手,走遍天下不愁
	向高层销售:与决策者有效打交道 贺兵一　著	一套完整有效的销售策略	有工具,有方法,有案例,通俗易懂
	学话术　卖产品 张小虎　著	分析常见的顾客异议,将优秀的话术模块化	让普通导购员也能成为销售精英
组织和团队	**升级你的营销组织** 程绍珊　吴越舟　著	用"有机性"的营销组织替代"营销能人",营销团队变成"铁营盘"	营销队伍最难管,程老师不愧是营销第1操盘手,步骤方法都很成熟
	用数字解放营销人 黄润霖　著	通过量化帮助营销人员提高工作效率	作者很用心,很好的常备工具书
	成为优秀的快消品区域经理(升级版) 伯建新　著	用"怎么办"分析区域经理的工作关键点,增加30%全新内容,更贴近环境变化	可以作为区域经理的"速成催化器"
	成为资深的销售经理:B2B、工业品 陆和平　著	围绕"销售管理的六个关键控制点"一一展开,提供销售管理的专业、高效方法	方法和技术接地气,拿来就用,从销售员成长为经理不再犯难
	一位销售经理的工作心得 蒋　军　著	一线营销管理人员想提升业绩却无从下手时,可以看看这本书	一线的真实感悟
	快消品营销:一位销售经理的工作心得2 蒋　军　著	快消品、食品饮料营销的经验之谈,重点突出	来源于实战的精华总结
	销售轨迹:一位快消品营销总监的拼搏之路 秦国伟　著	本书讲述了一个普通销售员打拼成为跨国企业营销总监的真实奋斗历程	激励人心,给广大销售员以力量和鼓舞
	用营销计划锁定胜局:用数字解放营销人2 黄润霖　著	全方位教你怎么做好营销计划,好学好用真简单	照搬套用就行,做营销计划再也不头痛
	快消品营销人的第一本书:从入门到精通 刘　雷　伯建新　著	快消行业必读书,从入门到专业	深入细致,易学易懂
产品	**产品开发管理方法·流程·工具:从作坊式到规范化** 任彭枞　著	产品研发管理体系全指导	既有工具,又能开拓思路
	新产品开发管理,就用IPD(升级版) 郭富才　著	10年IPD研发管理咨询总结,国内首部IPD专业著作	一本书掌握IPD管理精髓

续表

产品	这样打造大单品：案例　策略　方法 迪智成咨询团队　著	囊括十三个不同行业、企业的实际案例，从不同角度详细剖析、总结了这些品牌厂家打造大单品的成功经验或者失败教训	厘清大单品打造的策划与路径，得出持续经营的思路与方法
	研发体系改进之道 靖　爽　陈年根　马鸣明　著	提出一套系统性的方法与工具	指引企业少走弯路，提高成功率
	资深项目经理这样做新产品开发管理 秦海林　著	以 IPD 为思想，系统讲解新产品开管理的细节	提供管理思路和实用工具
	产品炼金术Ⅰ：如何打造畅销产品 史贤龙　著	满足不同阶段、不同体量、不同行业企业对产品的完整需求	必须具备的思维和方法，避免在产品问题上走弯路
	产品炼金术Ⅱ：如何用产品驱动企业成长 史贤龙　著	做好产品、关注产品的品质，就是企业成功的第一步	必须具备的思维和方法，避免在产品问题上走弯路
品牌	中小企业如何建品牌 梁小平　著	中小企业建品牌的入门读本，通俗、易懂	对建品牌有了一个整体框架
	采纳方法：破解本土营销 8 大难题 朱玉童　编著	全面、系统、案例丰富、图文并茂	希望在品牌营销方面有所突破的人，应该看看
	中国品牌营销十三战法 朱玉童　编著	采纳 20 年来的品牌策划方法，同时配有大量的案例	众包方式写作，丰富案例给人启发，极具价值
	今后这样做品牌：移动互联时代的品牌营销策略 蒋　军　著	与移动互联紧密结合，告诉你老方法还能不能用，新方法怎么用	今后这样做品牌就对了
	中小企业如何打造区域强势品牌 吴　之　著	帮助区域的中小企业打造自身品牌，如何在强壮自身的基础上往外拓展	梳理误区，系统思考品牌问题，切实符合中小区域品牌的自身特点进行阐述
渠道通路	深度分销：掌控渠道价值链 施　炜　著	制造商通过掌控渠道价值链，将管理触角延伸至零售层面及顾客现场，对市场根部精耕细作，从而挖掘需求，构筑区域市场尤其是三四级市场的竞争壁垒	深度分销是中国企业对世界营销的独特贡献。实践证明，互联网时代深度分销仍有生命力
	快消品营销与渠道管理 谭长春　著	将快消品标杆企业渠道管理的经验和方法分享出来	可口可乐、华润的一些具体的渠道管理经验，实战
	传统行业如何用网络拿订单 张　进　著	给老板看的第一本网络营销书	适合不懂网络技术的经营决策者看
	采纳方法：化解渠道冲突 朱玉童　编著	系统剖析渠道冲突，21 个渠道冲突案例、情景式讲解，37 篇讲义	系统、全面
	学话术　卖产品 张小虎　著	分析常见的顾客异议，将优秀的话术模块化	让普通导购员也能成为销售精英
	向高层销售：与决策者有效打交道 贺兵一　著	一套完整有效的销售策略	有工具，有方法，有案例，通俗易懂
	通路精耕操作全解：快消品 20 年实战精华 周　俊　陈小龙　著	通路精耕的详细全解，每一步的具体操作方法和表单全部无保留提供	康师傅二十年的经验和精华，实践证明的最有效方法，教你如何主宰通路

管理者读的文史哲·生活

	书名．作者	内容/特色	读者价值
思想·文化	德鲁克管理思想解读 罗　珉　著	用独特视角和研究方法，对德鲁克的管理理论进行了深度解读与剖析	不仅是摘引和粗浅分析，还是作者多年深入研究的成果，非常可贵
	德鲁克与他的论敌们：马斯洛、戴明、彼得斯 罗　珉　著	几位大师之间的论战和思想碰撞令人受益匪浅	对大师们的观点和著作进行了大量的理论加工，去伪存真、去粗存精，同时有自己独特的体系深度

续表

思想·文化	德鲁克管理学 张远凤　著	本书以德鲁克管理思想的发展为线索，从一个侧面展示了20世纪管理学的发展历程	通俗易懂，脉络清晰
	王阳明“万物一体”论：从“身－体”的立场看（修订版） 陈立胜　著	以身体哲学分析王阳明思想中的“仁”与“乐”	进一步了解传统文化，了解王阳明的思想
	自我与世界：以问题为中心的现象学运动研究 陈立胜　著	以问题为中心，对现象学运动中的“意向性”“自我”“他人”“身体”及“世界”各核心议题之思想史背景与内在发展理路进行深入细致的分析	深入了解现象学中的几个主要问题
	作为身体哲学的中国古代哲学 张再林　著	上篇为中国古代身体哲学理论体系奠基性部分，下篇对由“上篇”所开出的中国身体哲学理论体系的进一步的阐发和拓展	了解什么是真正原生态意义上的中国哲学，把中国传统哲学与西方传统哲学加以严格区别
	中西哲学的歧异与会通 张再林　著	本书以一种现代解释学的方法，对中国传统哲学内在本质尝试一种全新的和全方位的解读	发掘出掩埋在古老传统形式下的现代特质和活的生命，在此基础上揭示中西哲学“你中有我，我中有你”之旨
	治论：中国古代管理思想 张再林　著	本书主要从儒、法墨三家阐述中国古代管理思想	看人本主义的管理理论如何不留斧痕地克服似乎无法调解的存在于人类社会行为与社会组织中的种种两难和对立
	车过麻城　再晤李贽 张再林　著	系统全面而又简明扼要地展示了李贽独到的学术眼力和超拔的理论建树	帮助读者重新认识李贽的思想
	中国古代政治制度（修订版）上：皇帝制度与中央政府 刘文瑞　著	全面论证了古代皇帝制度的形成和演变的历程	有助于读者从政治制度角度了解中国国情的历史渊源
	中国古代政治制度（修订版）下：地方体制与官僚制度 刘文瑞　著	全面论证了古代地方政府的发展演变过程	有助于读者从政治制度角度了解中国国情的历史渊源
	中国思想文化十八讲（修订版） 张茂泽　著	中国古代的宗教思想文化，如对祖先崇拜、儒家天命观、中国古代关于“神”的讨论等	宗教文化和人生信仰或信念紧密相联，在文化转型时期学习和研究中国宗教文化就有特别的现实意义
	史幼波《大学》讲记 史幼波　著	用儒释道的观点阐释大学的深刻思想	一本书读懂传统文化经典
	史幼波《周子通书》《太极图说》讲记 史幼波　著	把形而上的宇宙、天地，与形而下的社会、人生、经济、文化等融合在一起	将儒家的一整套学修系统融合起来
	史幼波《中庸》讲记（上下册） 史幼波　著	全面、深入浅出地揭示儒家中庸文化的真谛	儒释道三家思想融会贯通
	梁涛讲《孟子》之万章篇 梁　涛　著	《万章》主要记录孟子与万章的对话，涉及孝道、亲情、友情、出仕为官等	作者的解读能帮助读者更好地理解孟子及儒学
	两晋南北朝十二讲（修订版） 李文才　著	作为一本普及性读物，作者尊重史实，运用“历史心理学”的叙事方法，分12个专题对两晋南北朝的历史进行阐述	让读者轻松了解两晋南北朝的历史
	每个中国人身上的春秋基因 史贤龙　著	春秋368年（公元前770－公元前403年），每一个中国人都可以在这段时期的历史中找到自己的祖先，看到真实发生的事件，同时也看到自己	长情商、识人心
	与《老子》一起思考：德篇 与《老子》一起思考：道篇 史贤龙　著	打通文史，回归哲慧，纵贯古今，放眼中外，妙语迭出，在当今的老子读本中别具一格	深读有深读的回味，浅尝有浅尝的机敏，可给读者不同的启发

续表

思想·文化	**说服天下:《鬼谷子》的中国沟通术** 翟玉忠　著	由内圣而外王,从心力的培育到具体的说服理论,再到生动的说服案例	从商业到军事再到日常生活,沟通说服已经变得越来越重要
	读《管子》,知天下财富:轻重术与中国古典经济思想 翟玉忠　著	中国农业社会规模庞大的市场产生了复杂发展的经济理论——以《管子》轻重十六篇为核心的轻重术	本书分为道、术两大部分,有思想、有谋略,相信你会从中有所收获
	中国商道:从古典商书说开去 翟玉忠　著	对中国先秦和明清两个商品经济大发展时期商业典籍的第一次系统整理和诠释	中华商道一脉相承,造就了无数商业奇迹,成就了无数商业巨子。今人读之,必能获益
	跟陈忠建学写名家书法Ⅰ **跟陈忠建学写名家书法Ⅱ** 陈忠建　著	中国台湾著名书法教育家,用视频手把手教你摹写历代名家笔触	用拟古千字文的形式,学习名家的技巧
	像美国人一样讲话:教你记住800句最地道的美语 马方旭　著	本书基本囊括了在美国最常用最地道的800习惯用语表达,包含中英双语翻译,以及清晰明了的注解帮助增强记忆,加入视频等流行的记忆方法	易读易懂,趣味十足
	别让你的执着毁了孩子 廖信琳　著	让职场人在家庭教育中不再焦虑,重塑亲子互动模式	只要放下你的执拗,孩子可以更优秀
	非暴力抵抗的诞生 甘　地　著	甘地在南非的自传,介绍了非暴力抵抗诞生的历史	深入了解甘地及其伟大思想
	中东历史与现状二十讲 黄民兴　著	介绍了中东历史和现状的20个重要问题	为研究和教学人员提供指导和依据
	郑子太极拳理拳法 杨竣雄　著	走进郑子太极拳完整训练体系的大门,随着书中另一主角——师父的课程安排与每日功课的练习	当您学完这套书后,在掌握拳架的同时具备诸多正确的太极理念与系统知识
	内功太极拳训练教程 王铁仁　编著	杨式(内功)太极拳(俗称老六路)的详细介绍及具体修炼方法,身心的一次升华	书中含有大量图解并有相关视频供读者同步学习
	中医治心脏病 马宝琳　著	引用众多真实案例,客观真实地讲述了中西医对于心脏病的认识及治疗方法	看完这本书,能为您节约10万元医药费